Anekdoten über

KURT TUCHOLSKY

Wer die Butter hat, wird frech

Gesammelt und aufgeschrieben von Jana König

Eulenspiegel Verlag

INHALT

ZUM GELEIT

»Jede Zeit hat den Satiriker, den sie verdient. Dass das nachrevolutionäre Berlin Kurt Tucholsky zustimmt, spricht – trotz allem anderen – für dieses Berlin und für diese Zeit. Kurt Tucholsky besitzt Leidenschaft, Kühle, Pathos, Ironie, Hass und Witz. Und das Beste ist, dass seine Leidenschaft sich am unmittelbarsten im Witz, sein Pathos sich am elementarsten in der Ironie überträgt. Tucholskys Formulierungstalent ist außerordentlich. Aber die Pointe selbst, ihre Zuspitzung, ihre refrainhafte, leitmotivische Wiederholung ist nicht das Wesentliche. Das Wesentliche ist der ethische Wille, der dahinter steht«, schrieb der Journalist und Theaterkritiker Herbert Ihering und charakterisierte damit einen der namhaftesten Publizisten und originellsten Autoren der Weimarer Republik.

Als politisch engagierter Journalist und zeitweiliger Mitherausgeber der Wochenzeitschrift *Die Weltbühne* erwies sich Tucholsky als Gesellschaftskritiker in der Tradition Heinrich Heines. Zugleich war er Kabarettautor, Liedtexter, Romanautor und Lyriker. Er verstand sich selbst als linker Demokrat, Pazifist und Antimilitarist und warnte vor antidemokratischen Tendenzen in Politik, Militär und Justiz und vor der Bedrohung durch den Nationalsozialismus.

Der Berliner Bürgersohn Kurt Tucholsky, geboren im Kaiserreich, zur Zeit der Weimarer Republik im Zenit seines Erfolgs stehend, ging Mitte der zwanziger Jahre nach Paris. Als die Nazis an die Macht kamen und ihn ausbürgerten, lebte er längst in Schweden. Von Exil wollte er nicht sprechen, mit Deutschland sei er fertig, von publizistischen Aktivitäten zog er sich zurück, verstummte. Von Krankheit gezeichnet, starb er an einer Überdosis Schlafmittel.

In einer posthumen Ehrung sagte sein Verleger Ernst Rowohlt: »Sie waren für mich einer meiner liebsten Autoren. Wenige werden wissen, dass hinter Ihrer scharfen Feder und Ihrer unverwüstlichen Kampfeslust ein so warmblütiger und in jedem Sinne menschlicher Freund steckte. Jede Zeile, die ich von Ihnen gedruckt habe, war mir aus dem Herzen gesprochen!, denn Sie waren ein wirklicher Kämpfer gegen jegliche Reaktion, gegen jeden Blödsinn der Politiker und gegen jede spießige Gefühlsduselei und so recht ein Mann nach meinem Herzen. Sie, lieber Tucholsky, brauchten wir heute.«

Der vorliegende Anekdotenband ist nicht der leichtherzigste seines Genres geworden – die Tragik lässt sich bei diesem komplizierten Charakter und diesen politischen Zeitverhältnissen nicht ausklammern. Wir müssen es also bei der Lektüre mit Tucholsky selbst halten: »Lerne lachen ohne zu weinen.«

AUTOBIOGRAFIE

»Soweit ich mich erinnere, wurde ich am 9. Januar 1890 als Angestellter der *Weltbühne* zu Berlin geboren. Meine Vorfahren haben, laut *Miesbacher Anzeiger,* auf Bäumen gesessen und in der Nase gebohrt. Ich selbst lebe still und friedlich in Paris, spiele täglich nach Tisch mit Doumergue und Briand ein halbes Stündchen Schafskopf, was mir nicht schwerfällt, und habe im Leben nur noch einen kleinen Wunsch: die Rollen der deutschen politischen Gefangenen und ihrer Richter einmal vertauscht zu sehen.« (1926)

DER FÜNFFACHE TUCHOLSKY

Im Vorwort seines Buches »Mit 5 PS« klärte Kurt Tucholsky die Leser über seine Pseudonyme auf: »Wir sind fünf Finger an einer Hand. Der auf dem Titelblatt und: Ignaz Wrobel. Theobald Tiger. Peter Panter. Kaspar Hauser. Aus dem Dunkel sind diese Pseudonyme aufgetaucht, als Spiel gedacht, als Spiel erfunden – das war damals, als meine ersten Arbeiten in der *Weltbühne* standen. Eine kleine Wochenschrift mag nicht viermal denselben Mann in einer Nummer haben, und so erstanden, zum Spaß, diese Homunculi. Sie sahen sich gedruckt, noch purzelten sie alle durcheinander; schon setzten sie sich zurecht, wurden sicherer, sehr sicher, kühn – da führten sie ihr eigenes Dasein ... Und es war auch nützlich, fünfmal vorhanden zu sein – denn wer glaubt in Deutschland einem politischen Schriftsteller Humor? dem Satiriker Ernst? dem Verspielten Kenntnis des Strafgesetzbuches, dem Städteschilderer lustige Verse? Humor diskreditiert. Wir wollten uns nicht diskreditieren lassen und taten jeder seins.«

WHO IS WHO?

Die Pseudonyme wählte Tucholsky mehr oder weniger zufällig, man kann sagen: Er hat sie ge- und nicht erfunden.

Wrobel hieß der Verfasser eines Rechenbuches, mit dem der Schüler Kurt sich herumschlagen musste. »Und weil mir der Name Ignaz besonders hässlich erschien, kratzbürstig und ganz und gar abscheulich, beging ich diesen kleinen Akt der Selbstzerstörung und taufte so einen Bezirk meines Wesens.« Er hatte auch eine optische Vorstellung: »Wrobel, ein essigsaurer, bebrillter, blaurasierter Kerl, in der Nähe eines Buckels und roter Haare.«

Aus dem Jurastudium nahm er die »Aliterationstiere« Theobald Tiger und Peter Panter mit. Nach diesem Muster pflegte ein Dozent der juristischen Fakultät die Kontrahenten seiner Beispielfälle zu benennen.

Der Name des Nürnberger Findelkindes aus dem 19. Jahrhundert war das jüngste der Pseudonyme: »… nach dem Kriege schlug noch Kaspar Hauser die Augen auf, sah in die Welt und verstand sie nicht.«

ARBEITSTEILUNG

Peter Panter war für Buchrezensionen, Theaterkritiken und Feuilletons zuständig und »… stirbt, als er alles weiß und nichts mehr kann – denn so kann man nicht leben«. Theobald Tiger verfasste Chansons fürs Kabarett oder gereimte Leitartikel, er »sang nur Verse, waren keine da, schlief er«. Ignaz Wrobel betätigte sich als politischer Kommentator, ein Warner und Aufklärer, der sich auf scharfzüngige Satire verstand. Mit melancholischem Blick sah Kaspar Hauser in die Welt und betätigte sich als eher nachsichtiger Kritiker.

HEITERE SCHIZOPHRENIE

»**P**seudonyme sind wie kleine Menschen; es ist gefährlich, Namen zu erfinden, sich für jemand anders auszugeben, Namen anzulegen – ein Name lebt, und was als Spielerei begonnen, endet als heitere Schizophrenie. Ich mag uns gern.«

DAS LEBEN IST ENDLICH ...

Auch seine »Homunculi« würden den Weg alles Irdischen gehen, muss sich Tucholsky gesagt haben und entwarf schon 1923 einen Spruch für die letzte Ruhestätte von Ignaz Wrobel: »Hier ruht ein goldenes Herz und eine eiserne Schnauze. Gute Nacht –!«

Auch an einen Nachruf verschwendete er seine Gedanken: »Wie mein Nachruf aussehen soll, weiß ich nicht. Ich weiß nur, wie er aussehen wird. Er wird aus einer Silbe bestehen. Pappa und Mamma sitzen am abgegessenen Abendbrottisch und vertreiben sich ihre Ehe mit Zeitungslektüre. Da hebt Er plötzlich, durch ein Bild von Dolbin erschreckt, den Kopf und sagt: ›Denk mal, der Theobald Tiger ist gestorben!‹ Und dann wird Sie meinen Nachruf sprechen. Sie sagt: ›Ach –!‹«

LITERARISCHE VERSUCHE

Begeistert von den Märchen Wilhelm Hauffs, verfasste der kleine Kurt dem Dichter zur Ehre eine Geschichte und gab darin seinen Geschwistern Fritz und Ellen eine tragende Rolle: »Bei Wilkes herrschte große Trauer. Die jüngste Schwester Ella war verschwunden, doch die Rettung kam. Einmal gingen Fritz und Lieschen an den See zu einem zerfallenen Häuschen. Da hörten sie von fern Geschrei. Sie dachten, es sei ihre Schwester, weil es sich so anhörte. Das Geschrei

kam immer näher, und jetzt jauchzte das Schwester-
chen, das in einem Waschkorb lag, wo man es sonst
immer hineinlegte. Vorgespannt war ein weißer Schwan,
ein roter Wollfaden war die Leine. Sie holten sofort ihre
Eltern, und das Kind wurde ins Bett getragen, der
Schwan losgebunden, und die Eltern freuten sich sehr.«

DER WEG ZUR ERKENNTNIS

Wenn der kleine Kurt seine Tante in Stettin be-
suchte, übte vor allem ein Gegenstand eine
besondere Faszination auf ihn aus: eine kleine
Schneekugel mit einem Weihnachtsmann darin. Kaum
an den Schreibtisch heranreichend, stellte er die Kugel
auf den Kopf und beobachtete das Gestöber: eine einzige
Herrlichkeit! Dann stellte er die Kugel wieder auf den
Fuß und sah gebannt zu, wie der Flockenwirbel sich
langsam senkte; auf die Mütze, auf den Geschenkesack
und auf den Boden. Jahre später erinnerte sich Tucholsky:
»Erst wenn sich alle Flocken gesetzt hatten, sah man
wieder klar. Erbarmungslos klar: Der Weihnachtsmann
war eine kleine Murks-Puppe, und die Schneeflocken
Schnipselchen aus irgendeiner Masse. Abwarten ist immer gut.«

ERSTE LIEBE

Sein Herz verlor Tucholsky zuerst im Theater, in das ihn seine Eltern beizeiten regelmäßig mitnahmen. In einem Franz Werfel gewidmeten Beitrag für ein Jahrbuch beschrieb er es: »Schon der Nachmittag war unruhig und bewegt – Theater! Und wir gingen von zu Hause fort, durch die noch hellen Straßen, blind für alles Licht, vorwärtsstrebend, stumm ... Wir traten in den riesigen Raum voll Lichtern, heißer Luft und summenden Gesprächen ... O süßer Moment, wenn die Ouvertüre beginnt ... Die Musik spielte – und die Backen wurden heiß und die Hände, Musik, immer noch Musik, und jetzt erhob sich der Vorhang ... Das Stück begann. Und für uns war es immer dasselbe, mochte es der Wallenstein sein, oder die gute Fee Roswitha, oder Zwerg-Nase, oder Tell – immer war da eine junge Schauspielerin, – vielleicht immer eine andere, – die in die schlanken Hosenbeine eines Jungenanzugs gesteckt, ihr Geschlecht auf ebenso reizende wie unvollkommene Art verleugnete ... Wie tat sie das! ... Aber das Eigentümlichste und Reizvollste war doch, dass hinter diesem verkleideten Prinzen oder dem drolligen Straßenjungen die bürgerliche Existenz der jungen Schauspielerin nie völlig verschwand. Was war es doch für ein Wesen, das da oben in Glanz und Licht und fröhlichem Lärm uns beglückte? ... Wie liebten wir sie! – Wie war sie anders als alle die Mädchen ... Und noch drei volle Tage nach der Vorstellung begaben wir uns häufig, voll von Abneigung gegen die sparende Mutter und gegen den ruhigen, ordentlichen Vater und gegen diese ganze grässliche Regelmäßigkeit des Hauses, ohne innere Veranlassung in einen abgeschlossenen Raum, um daselbst ein wenig zu weinen ...«

FRÜHE ERGÜSSE

In der Schülerzeitung, die Tucholskys Klasse zur bestandenen Mittleren Reife erstellte, findet sich eine bemerkenswerte Satire auf den Klassenprimus: »Der Primus kann alles und weiß alles. Sport treibt er natürlich nicht, da dieser nur für geistig Untergeordnete ist. Dagegen spielt er unübertrefflich Schach und kommt zur Turnstunde, auch wenn er dispensiert ist. Über seine sittliche Reife weiß kein Mensch etwas, da er sich unpassende Witze nur erzählen lässt. Er spielt gern den Leutseligen und mischt sich gern, aber selten, wenn ihm sein Amt als Klassenbuchverschmierer Zeit lässt, unter das Volk. Er isst Butterbrote mit Ei, das heißt, er bekommt solche mit und lässt das Ei in der Schule hinfallen. Er besitzt ein unheimliches Redetalent, sowohl in sehr gutem als auch im schlechten Sinne, und trägt Gedichte mit viel Pathos und scharfer Akzentuierung vor, was für die Nachbarn immer mit einer gründlichen Reinigung verbunden ist ... Seine Herren Eltern haben die Ehre, ihn erhalten, die Unterschüler, ihn täglich sehen, die Lehrer, ihn täglich unterrichten zu dürfen. Er verteilt jedoch diese Gnaden mit Freigebigkeit und Anmut, denn er weiß, er wird ein großer Mann.«

Der Text ist nicht namentlich gezeichnet, doch man ahnt, wer ihn verfasst hat. Tucholsky jedenfalls bekam in ebenjener Zeitung von seinen Mitschülern den lateinischen Spitznamen »Corruptor« verpasst – was Verderber und Verführer bedeutet.

NICHTS GELERNT

Anlässlich seiner Pyrenäenreise 1925 erinnerte sich Tucholsky an seinen lange zurückliegenden Geografie-Unterricht bei einem höchst unbeliebten Lehrer, genannt »der rote Gierke«. Behalten hatte Tucholsky wenig über das Gebirge: das Wort Maladetta, das keinen Fluch bezeichnet, sondern einen Berg, die rostbraune Farbe der Gebirgszüge auf der sonst von Grün, Schwarz und dem Blau des Meeres dominierten Karte, und die Tatsache, dass das Gebirge Spanien und Frankreich trennte. Soweit die wissenschaftlichen Kenntnisse, die ihm die deutsche Schule mit auf den Weg gegeben hatte.

Warum dieses dürftige Ergebnis?

»Woher sollte ich auch eine Ahnung haben? Das kümmerliche Geografiebuch verzeichnete ein paar Namen und stotterte in holprigem Deutsch etwas von ›Bodenbeschaffenheit‹ und ›Sardinenhandel‹, der Rote hatte dazu mit einem Rohrstock an der Karte entlanggestrichen, und die Klasse hatte korrekt geschlafen.«

WER LEIDET, SCHREIBT

Bekanntlich war Tucholsky ein fleißiger Briefeschreiber. Die Anlage zeigte sich schon früh. Als der Schüler, von Masern geplagt, das Bett hüten musste, korrespondierte er mit seinem Freund Kurt Riess via Zettelpost. Riess schrieb:

> »Dass Du, Freund Kurt, jetzt krank bist,
> das ist doch gar zu dumm.
> Und lauf ich nun nachmittags
> verlassen stets herum.«

Darauf antwortete Tucholsky im Tone eines gebeutelten Lebemannes:

> »Es ist gewiss sehr schlecht, so krank zu sein
> und dann noch trinken Wasser mit Wein.«

MIT KNAPPER NOT

Lange schlug sich Tucholsky auf der Schule mit mittelmäßigen Noten halbwegs durch, doch zu Ostern 1906 kamen ihm Zweifel, ob er das laufende Schuljahr bestehen würde. Zunächst beichtete er das Malheur seiner Mutter, der sofort die Hand ausrutschte. Noch mehr aber fürchtete der Jugendliche die Schmach, seine Niederlage coram publico – nämlich vor den Mitschülern –

zu erleiden. Also meldete er sich für die letzten Tage des Schuljahres krank, um der feierlichen Zeugnisverteilung in der Aula zu entgehen. Erst zwei Tage danach quälte er sich zum Schulgebäude, um die Besiegelung seines Untergangs vom Schuldiener entgegenzunehmen. Doch, o Wunder: Er hatte bestanden!

Schon im darauffolgenden Schuljahr war ihm dieses Glück nicht mehr beschieden …

FRÜH ÜBT SICH

Bereits der siebzehnjährige Tucholsky, der längst ernsthafte schriftstellerische Absichten hegte, verstand es, seinem satirischen Affen Zucker zu geben.

»Ich will den Gänsekiel in die schwarze Flut tauchen. Ich will einen Roman schreiben. Schöne, wahre Menschen sollen auf den Höhen des Lebens wandeln, auf ihrem offenen Antlitz soll sich die Freiheit widerspiegeln …

Nein. Ich will ein lyrisches Gedicht schreiben. Meine Seele werde ich auf sammetgrünem Flanell betten, und meine Sorgen werden kreischend von dannen ziehen …

Nein. Ich will eine Ballade schreiben. Der Held soll auf blumiger Au mit den Riesen kämpfen, und wenn die Strahlen des Mondes auf seine schöne Prinzessin fallen, dann …

Ich will den Gänsekiel in die schwarze Flut tauchen. Ich werde meinem Onkel schreiben, dass ich Geld brauche.«

FAMILIENBANDE

Die liebe Verwandtschaft war Tucholskys Sache nie – langweilige Gespräche, aufdringliche Fragen, missbilligende Kommentare. Endlos zogen sich solche Familiensonntage hin, an ein Entkommen war nicht zu denken. So hielt er fest: »Der Mensch in der Familie ist gar kein Mensch, sondern nur Gruppenteil, Partikel einer Kollektivität und Glied einer Kette, die ihn sanft und unnachgiebig umschlingt, und das eint.« Besonders bei Familienfeiern offenbare sich das innere Gefüge eines jeden Clans: »Alle fluchen, keiner tut's gern – aber Gnade Gott, wenn einer fehlte!«

PREUSSISCHE DISZIPLIN

Tucholsky verließ das Gymnasium ohne Abschluss. Vor allem durch die Hilfe des Privatlehrers Dr. Willy Krassmöller gelang es ihm, das Abitur als Externer nachzuholen. Als Student der Juristerei assistierte er dann als Zubrot seinem ehemaligen Nachhilfelehrer und stellte sich als erstaunlich streng und pedantisch heraus. Über diese Eigenschaften wusste auch sein Jugendfreund Heinz Ullstein, Enkel des Verlagsgründers Leopold Ullstein, Zeugnis zu geben: »Tucholsky hasst das Preußentum, aber er war einer der preußischsten Preußen, die mir je begegnet sind.«

ZUM OBERLEHRER ERNANNT

Zeitweise gab Tucholsky selbst Privatstunden und plante sogar, gemeinsam mit Krassmöller eine Nachhilfeschule zu eröffnen. Auch veröffentlichte er Artikel in pädagogischen Zeitschriften und trat als Redner auf. Über einen Redebeitrag in einer Sitzung des Berliner Vereins für Schulgesundheitspflege hielt das Protokoll fest: »Herr Oberlehrer Tucholsky ist der Ansicht, der Wert der militärischen Jugendausbildung werde überschätzt. Er wolle nicht so weit gehen wie Schopenhauer, der verlangt habe, dass der geistige Arbeiter überhaupt nicht am Kriege teilnehmen solle, aber in Gelehrtenschulen gehöre eine militärische Ausbildung nicht hinein. Die Berliner Jungen hätten schon ohnedies eine hysterisch-übertriebene Auffassung vom Kriege; es sei notwendig, der Ekstase zu wehren, nicht sie zu fördern.«

GEWUSST WIE

Während des Jura-Studiums verfasste Tucholsky journalistische Texte, und sein Interesse richtete sich mehr und mehr auf die Literatur – und die Literaten. So reiste er mit seinem Freund Kurt Szafranski im September 1911 nach Prag, um den Schriftsteller und einflussreichen Literaturkritiker Max Brod zu besuchen und für sich zu gewinnen. Die beiden brachten ein von Szafranksi entworfenes selbstgebasteltes Geschenk mit: einen Karton mit Miniaturen, die eine Szene aus Brods Roman »Dienstmädchen« darstellten – mit Hütten, Alleen, Kühen, Schweinen, Gänsen und Bauernfamilien. Brod zeigte sich beeindruckt und führte den jungen Kollegen in seine Kreise ein.

EIN MANN VON 21 JAHREN

Während der Pragreise kam es auch zu einer Begegnung mit Franz Kafka. Dieser notierte in seinem Tagebuch über Tucholsky: »…ein ganz einheitlicher Mensch von 21 Jahren. Vom gemäßigten und starken Schwingen des Spazierstocks, das die Schulter jugendlich hebt, angefangen bis zum überlegten Vergnügen und Missachten seiner eigenen schriftstellerischen Arbeiten …«

BLITZSAUBER

Sein Freund Heinz Ullstein lobte an Tucholsky neben seinem scharfen Verstand vor allem seine tadellosen Manieren und die stets sorgfältig ausgewählte hochwertige Garderobe. So hielt er denn auch fest: »Seine ganze Erscheinung strahlte eine Sauberkeit aus, die nicht nur äußerlich war. Der ganze Mann war sauber.«

IMMER WAS VOR

Zu den unangenehmen Seiten Berlins gehörte für Tucholsky die emsige Betriebsamkeit, die ihm weniger in tatsächlichen Pflichten, sondern im Wesen der Berliner begründet zu sein schien: »Der Berliner ist nicht fleißig, er ist immer aufgezogen. Er hat leider vergessen, wozu wir eigentlich auf der Welt sind. Er würde auch noch im Himmel – vorausgesetzt, dass der Berliner in den Himmel kommt – um viere ›was vorhaben‹.«

EIN HOCH AUF DIE TECHNIK

Das Grammofon war eine Erfindung, die Tucholsky begeisterte, denn endlich konnte er die Lautstärke selbst regulieren. Wie anders konnte es im Theater zugehen! So lauschte er einmal in der Vorstadt den traurigen Gesängen einer Miss Elvira, doch von Lauschen konnte bald keine Rede mehr sein: Das Theaterrund war groß wie ein Reitstall, und das Ensemble hatte es sich offenbar zur Aufgabe gemacht, auch noch den Zuschauern auf den Fünfzig-Pfennig-Plätzen ein akustisches Erlebnis zu verschaffen. Der Fürst brüllte, die Prinzessin kreischte, der Graf schrie, bis Tucholsky und Begleitung auf ihren Zwei-Mark-fünfunddreißig-Plätzen fast vom Stuhl fielen.

RHABARBER-WEISHEIT

Einmal führte Tucholsky die Glaubenssätze der Bourgeoisie zusammen, darunter die erwartbaren Erkenntnisse: Unter dem Kaiser war alles besser, alle Welt ist gegen Deutschland – aus Neid, und ein Oberbuchhalter ist besser als ein Buchhalter. Es fand sich aber auch die unerschütterliche Erkenntnis:

»Wenn man Rhabarber nachzuckert, wird er sauer. (Dieser Satz ist völlig unsinnig; er ist durch ein Missverständnis entstanden, also unausrottbar.)«

TEMPERAMENT

Als Tucholsky einmal bei sehr reichen Leuten eingeladen war, so reich, »dass es einen schon graust«, wurde ihm ganz heiß, und er hatte das Gefühl, gleich müsse ihm der Kragen platzen. Alles war fein und wundervoll, die Hunde gut erzogen wie artig gebadete Kinder, das Stubenmädchen funktionierte so lautlos wie der Teewagen, den sie vor sich herschob, die gnädige Frau sprach leise und gesetzt. Da lief er, einen Moment allein gelassen, in die Vorhalle hinunter, stellte sich in eine Ecke und rief laut: »Scheibenkleister!« Sein inneres Gleichgewicht war wiederhergestellt.

VOLKSKUNST

Das Theatervereinswesen trieb Anfang des 20. Jahrhunderts wilde Blüten. An jeder Straßenecke taten sich Laien zusammen, um allwöchentlich ihre eigenen kleinen Inszenierungen in schrillen Kostümen auf die Beine zu stellen. Tucholsky hatte für diese Art der Volksbelustigung wenig übrig und stellte Vermutungen zu ihren Wurzeln an: »Ihr eigentlicher Geburtsort ist bestimmt Sachsen. Jedenfalls gibt es da die meisten. Dort blühen sie, dort gedeihen sie, nur dort gibt es die ›Echten Oberbayerischen Gebirgstrachten in zwei Garnituren von jeder Größe auf Lager. Erste Garnitur mit echten Hirschhornkronen-Knöpfen, fünf Zentimeter im Durchmesser, letztere einzig und allein in Chemnitz.‹ Glaub's wohl.«

NOMEN EST OMEN

Bei welcher Gelegenheit Kurt Tucholsky die angehende Ärztin Else Weil kennenlernte, ist nicht überliefert. Wohl aber, wie er sie bald schon mehr oder weniger liebevoll nannte: Claire Pimbusch – nach der von unzüchtigen Gedanken geplagten Gattin eines Schnapsfabrikanten in Heinrich Manns »Im Schlaraffenland«, die als »das verkörperte Laster« beschrieben wird. Dass Tucholsky Else so auch seinen Freunden vorstellte, sollte vor allem eins bedeuten: Wir sind ein modernes Paar!

SELBSTEINSCHÄTZUNG

Nie gelang es Tucholsky, sich auf lediglich eine Frau zu beschränken. So hatte er neben der Beziehung zu Else Weil auch eine Verlobte, Kitty Frankfurther. Dazu schrieb er 1911 seiner Tante:

> »Außen jüdisch und genialisch,
> innen etwas unmoralisch,
> nie alleine, stets à deux: –
> der neveu.«

DAS LOS DES KÜNSTLERS

Das 1912 erschienene »Rheinsberg. Ein Bilderbuch für Verliebte« traf mit seinem beschwingten, verspielt-erotischen Ton und den so luftig-leicht geführten Angriffen auf verstaubte Moralvorstellungen den Nerv der Leser. Doch das Verwandeln der gemeinsamen Sommertage mit Else Weil in die literarische Geschichte von Wolfgang und Claire war alles andere als heiter für Tucholsky. Er zog sich in die Einsamkeit an der Ostsee zurück und hielt seine Erinnerungen »würgend langsam« in Notizbüchern fest. Dabei hätte es ihm, klagte er, viel mehr Freude gemacht, zu Claire ins Nebenzimmer zu gehen, ihr ein Paar alte Socken um den Hals zu binden und ein bisschen »Arzt und krankes Kind« zu spielen.

EIN EWIGES GEHEIMNIS

In »Rheinsberg« lässt Tucholsky seine Protagonisten Claire und Wolfgang ein Paket vergessen, dessen Inhalt nicht preisgegeben wird. Diese Leerstelle beschäftigte einige Leser auch Jahre später noch. Doch Tucholsky musste die Neugierigen enttäuschen: Einer jungen Anruferin offenbarte er, er wisse selbst nicht, was in dem Paket gewesen sei. Vielleicht eine tote Eule.

DIE GESCHÄFTSIDEE

Mit dem Erfolg von »Rheinsberg« kamen die Freunde Kurt Tucholsky und Kurt Szafranski, der das Buch illustriert hatte, auf die Idee, eine Bücherbar direkt am Kurfürstendamm zu eröffnen – das würde den weiteren Absatz beflügeln! Jeder, der ein Buch erwarb, bekam einen Schnaps gereicht. Das Konzept sprach sich schnell herum und wurde sogar Thema im Feuilleton. Das liberale Blatt *Sankt-Petersburger Herold* vermeldete: Wer hier einen Oscar Wilde erwirbt, bekommt einen Whisky Soda dazu, wer Ibsen ersteht, hingegen einen nordischen Korn. So weit ging die Kundenfreundlichkeit in Wahrheit nicht, wie Tucholsky später über seinen »Studikerunfug« schrieb – den Schnaps tranken die Herren Buchhändler am liebsten selbst. Nach ein paar Wochen hatte sich die Geschäftsidee erledigt.

DIE NUMMER 1

Von der »Rheinsberg«-Erstausgabe ließen Tucholsky und Szafranski 30 Exemplare in limitierter Sonderausgabe binden, um sie unter den Damen ihres Herzens zu verteilen – wobei sich die Aufteilung unter den beiden Herren mit 29 zu 1 gestaltete. Wer die 29 Damen zu beglücken hatte, verriet Tucholsky nicht, man ahnt es aber. Damit sich keine benachteiligt fühlte, sollte in jedes der Exemplare fein säuberlich eine 1 eingetragen werden. Dass die unermüdlichen Archivare längst die Nummern 4, 14 und 28 ausgegraben haben, straft Tucholsky Lügen. Doch auch die Nummer 1 ist aufgetaucht – gewidmet Else Weil. Immerhin!

DER MENTOR

Im Januar 1913, an seinem dreiundzwanzigsten Geburtstag, erschien Tucholskys erster Artikel in der *Schaubühne*, dem später in *Weltbühne* umbenannten Wochenblatt des Publizisten Siegfried Jacobsohn. Zwanzig Jahre später schrieb Tucholsky: »Dem im Jahre 1926 verstorbenen Herausgeber des Blattes, Siegfried Jacobsohn, verdankt Tucholsky alles, was er geworden ist.«

ERSTE GEBRAUCHSSPUREN

Dem österreichischen Schriftsteller Gustav Meyrink, der den *Simplicissimus* entscheidend prägte, gehörte Tucholskys Bewunderung – jedenfalls bevor er seine Interessen von der Literatur auf die Metaphysik verlegte und zum Buddhismus konvertierte. 1913 erschien eine dreibändige Ausgabe seiner Novellen unter dem Titel »Des deutschen Spießers Wunderhorn«. Tucholsky jubilierte: »Liebevoll, nicht wie zum ersten Mal, aber schwelgend in Erinnerung, lesen wir noch einmal alles, was uns damals aufrührte. Wir kennen ja nun die hundert Meyrinks: den lyrischen und den hassenden und den lächelnden und den traurigen und den grinsenden und den schlagenden und den tötenden.« Und befand: »Unser Gustav Meyrink in drei Bänden. Richtig in einer hübschen Kassette und: ›Gesammelte Schriften‹. Man wird alt.«

DEFINITION

Was unterscheidet Krieg und Frieden? Tucholsky beschäftigte sich mit dieser Frage anlässlich von Erzählungen aus dem Deutsch-Französischen Krieg 1870/71, bei dem die Soldaten beider Seiten sich an der Front gegenseitig geholfen hatten; mit Kartoffeln, Getränken usw. Tucholsky schlussfolgerte: »Dieselben Kartoffeln; dieselben Kapitalisten. Aber andere Röcke. Das ist der Krieg.«

RICHTUNGSWECHSEL

Im Sommer des Jahres 1913 verwarf der Jura-Student Kurt Tucholsky die ursprüngliche Berufswahl und teilte mit: »Es hat sich gezeigt, dass es mit der Juristerei nichts ist – und wannen er den Dr. juris utriusque gebaut hat, so will er Geld mit einer Presse verdienen.«

KEINE GARANTIE

Als ein selbsternannter Experte sich damit brüstete, er sei ein Meister seines Fachs, denn er verrichte sein Handwerk schon seit zwanzig Jahren so und nicht anders, bemerkte Tucholsky skeptisch: »Man kann eine Sache auch zwanzig Jahre lang falsch machen.«

VERKEHRTE WELT

Es war für Tucholsky eine wahre Freude, als 1913 in den Reichstagsdebatten ausgerechnet ein Mitglied der Zentrums-Partei, General Haeusler, für eine Verkürzung der Wehrdienstzeit eintrat. Das entsetzte nicht nur die Parteifreunde, sondern auch den Korrespondenten der Tagespresse, der sich wütend erhob und durch den Saal brüllte: »Was fällt Ihnen denn ein? Das gibt es hier nicht!! Was hier an vernünftigen Kritiken gesagt werden muss, was hier überhaupt an Kritiken vorgebracht wird, das haben die Sozialdemokraten zu tun. Da findet sich ja kein Mensch mehr heraus … Ich finde mich nicht heraus. Meine Leser finden sich nicht mehr heraus. Sie als Zentrumsmann haben in militärischen Dingen zuzustimmen. Das ist immer so gewesen, Himmelherrgottdonnerwettermohrenundmarkgrafenstraßenecke!! … So, nun fahren Sie fort. Aber immer hübsch dem Schema nach.« So kam rasch alles wieder ins Lot – jedenfalls laut Tucholskys Glosse »Der Bürgergeneral«.

LEBENSWEISHEIT

Tucholsky kannte eine sehr angesehene, stattliche Dame, die die Angewohnheit hatte, am Tag mit offenen Augen zu schlafen und nie zuzuhören, während ihr die Leute lange Geschichten erzählten über Ehescheidungen, Dienstbotennöte, Geldabenteuer und so weiter. Wenn der andere zu erzählen aufhörte und eine teilnehmende Antwort erwartete, fuhr die Dame auf und sagte: »Ja, ja! Etwas ist immer.« Und es passte jedes Mal.

Redensarten gibt es viele, doch Tucholsky fand: Recht hat sie! Weil Glück der Zustand ist, den man nicht spürt, und es reine Freude sowieso nicht gibt. Und so sollte sich jeder, der kleine Mann wie der große Bankier, auf den Grabstein schreiben lassen: »Etwas ist immer.«

EIN TIER MIT SIEBEN BEINEN

F erdinand Bonn war Theatermann, Schauspieler und Autor – wohlgemerkt einer, von dem Tucholsky rein gar nichts hielt. Als 1914 Bonns »Gesammelte Werke« erschienen, widmete Tucholsky ihnen eine lange Rezension, die er mit der Beteuerung eröffnete, es handle sich beileibe um keine Polemik – denn das wäre Leichenschändung, so harmlos, also tot, wie Bonns Feder wirke. Vielmehr betrachtete Tucholsky seinen Text als wissenschaftliche Sektion: »Ich bitte, mich als Naturforscher ansehen zu wollen, als einen Ausgraber merkwürdiger Dinge, der streng objektiv seine Schmetterlinge, Käfer und Schlangen einregistriert. Und wenn er einmal ein Tier mit sieben Beinen erwischt, so sei es ferne von ihm, Gott zu lästern. Er lächelt nur freundlich und spricht leise das kurze, aber innige Gebet, welches so weise ist und einem über so viele Dinge hinweghilft: ›Das gibt's!‹«

DIRNE ODER KOKOTTE?

I n der Berliner Stadtverordnetenversammlung bezeichnete ein Redner die bürgerliche Presse in einer hitzigen Debatte als feile Dirne. Besagte Presse war empört, Tucholsky, der auf sie auch nicht eben gut zu sprechen war, widersprach vehement in die entgegengesetzte Richtung: Eine feile Dirne, also käuflich und in kleine Gaunereien verstrickt? Nein, das treffe es nicht. Die Presse sei etwas viel Gefährlicheres: eine große Kokotte. Sie mag eigentlich ein gutes Herz haben und sich auch mal für Schwächere einsetzen, aber ihre Hauptbeschäftigung bestehe doch darin, ehrenhafte Männer zu rupfen, und zwar in unberechenbarer Art und Weise. Von dem einen verlange sie jeden Morgen etwas, vom Nächsten nie, vom Dritten nur hin und wieder eine kleine Gabe, bis sich keiner mehr im Geflecht ihrer Lieb-, Freund- und Feindschaften zurechtfinde.

Der Frauenkenner Tucholsky musste es wissen.

VERLORENE IDEALE

Zu Tucholskys weitem Bekanntenkreis gehörte auch der lebensfrohe Wiener Julius Klinger. Einmal gingen sie nach einer Feier in Wannsee gemeinsam nach Hause. Tucholsky sprach voller Überzeugung davon, dass jeder eine ernsthafte Gesinnung haben und diese stets mit ganzer Inbrunst vertreten müsse.

Doch Klinger wandte ein: »Ja, gewiss. Aber es ist doch auch schön, in guten Hotels wohnen zu können und so ...«

Angesichts dieses Arguments wurde Tucholsky sehr nachdenklich ...

OHNMACHT

Tucholskys Berliner Postamt verfügte über zwei Türen – aber eine war stets verschlossen. Und nicht immer dieselbe, so dass er als Kunde sich stets aufs Neue orientieren musste und sich der Willkür der Postbeamten ausgesetzt fühlte.

Über diesen ärgerlichen Zustand beschwerte er sich beim zuständigen Geheimrat. Der nickte verständnisvoll, wiegelte aber ab, es handele sich doch um eine nichtige Kleinigkeit, woraufhin Tucholsky in einen Wortschwall ausbrach, um seine Position zu verdeutlichen.

Der Geheimrat lächelte noch immer, versprach aber, sich des Problems anzunehmen. Dann räusperte er sich zum Zeichen, dass das Gespräch beendet sei. Tucholsky verabschiedete sich und wollte zur Tür gehen, da rief der Geheimrat: »Nicht zu dieser Tür! Die dürfen nur Beamte benutzen.«

EIN BELEIDIGTER CLOWN

Als Tucholsky im März 1915 die Musterung drohte, rauchte er kettenweise Zigaretten, um seine Konstitution zu ruinieren. Es nützte nichts, er wurde für tauglich erklärt. Über sein Bildnis in Uniformjacke und Feldmütze notierte er: »Sehe ich nicht aus wie ein beleidigter Clown? Bin ich auch.«

KLEINE SCHWÄCHEN

Eingezogen wurde Tucholsky als Schipper, stieg aber alsbald zum Schreiber seiner über 500 Mann starken Kompanie auf, zumal er seine eigene Schreibmaschine beisteuerte. Doch als die Kompanie versetzt wurde und die Maschine nicht gleich nachgeliefert werden konnte, wurde auch Tucholskys Posten vakant: Er flog achtkant raus und musste sich stattdessen um die Versorgung der Truppe kümmern. Warum? »Wegen menschenunähnlicher Handschrift«.

GESCHWISTERLIEBE

Zu seiner sieben Jahre jüngeren Schwester Ellen hatte Tucholsky ein inniges Verhältnis, was allerdings nicht verhindern konnte, dass er 1915 ihren Geburtstag vergaß. Mit einer geschlagenen Woche Verspätung schrieb er ihr und war um eine Ausrede nicht verlegen:

»Liebe Hippelahn,
dies ist wohl das erste Jahr seit 1897, in dem ich Dir nicht zeitig gratuliert habe. Aber ein Weltkrieg ist schließlich auch eine Entschuldigung.«

FELDPOST

Während er sich an der Front befand, hielt Tucholsky seine Familie brieflich auf dem Laufenden – jedenfalls soweit es die Zensur der Feldpost zuließ. Gern schrieb er seiner kleinen Schwester, die ihn ihrerseits auch über Bruder Fritz unterrichtete. Dabei wurde er zur Beruhigung seiner Lieben nicht müde zu betonen, dass er sich vom Kampfgeschehen fernhalte: »Was mich betrifft, so kann ich augenblicklich nicht klagen. Ich bin so dick, dass es eine Schande ist – aber es ist langweilig, nicht amüsant und auch nicht sehr reinlich. Gestern … aber sag's nicht weiter … gestern habe ich eine ganz kleine, zum Essen süße, niedliche Laus gefangen. Sie hieß Anne-Marie, entfernte sich sofort und war auch durch Zureden nicht zu bewegen, zwischen meine Daumennägel, wohin sie doch gehört, zu kommen. Sie muss jetzt noch im Zimmer herumlaufen … – Sieh mal – da kommt sie –! Huuuuu!!!

Krieg wird hier auch geführt. Und zwar abends zwischen 11 und 1 Uhr. Ich persönlich schlafe dann immer, und morgens ist keiner.«

Und zu anderer Gelegenheit: »Ich wandte viele Mittel an, um nicht erschossen zu werden und um nicht zu schießen. Nachher erschrickt sich so ein Russe und wird krank.«

DAS FEINDBILD

Während Tucholsky in Soldatenuniform ein verhältnismäßig ruhiges Leben führte und ein Soldatenblatt herausgeben konnte, erschlossen sich ihm die Folgen des Krieges schlagartig bei einer Reise nach Berlin im Frühjahr 1918: »Jetzt sieht jeder dem andern in den Bauch, was drin ist, und woher er das viele Mehl hat und ob er noch Stiefel hat ...« Und seine Streitlust erwachte: »Endlich sind doch wieder Leute da, mit denen man richtig zu kämpfen hat, wenn man sie unterkriegen will!«

SKEPSIS

Else Weil legte 1916 ihr Staatsexamen als Ärztin ab. Darauf angesprochen, äußerte sich Tucholsky wenig begeistert: »Sie macht Leute tot, schneidet sie auf und lernt im Ärztekasino eines Berliner Krankenhauses gutdeutsche Sitten und Gebräuche.«

Später sorgte er sich: »Sie ist übrigens maßlos stolz, approbiert und steht kurz vor der eigenen Wohnung und dem Doktor. Ob sie mir denn noch anguckt?«

LIEBESWERBEN

Mitten im Krieg traf Tucholsky im lettischen Alt-Autz die Liebe seines Lebens: Mary Gerold, eine achtzehnjährige Baltin. Keiner seiner Frauen gab er mehr Kosenamen: Sie war Meli, Malchen, Mala oder Matz, und meistens »Er«, weil ihr das »Du« zu intim schien. Nach Heirat und Scheidung versuchte er sie noch wenige Tage vor seinem Tod zurückzugewinnen. Sie blieb ihm ständige Sehnsucht – jedenfalls, solange er sie nicht tatsächlich an seiner Seite wusste.

Doch seine allererste Einladung »auf ein Glas Sekt in der Bibliothek« schlug die kühle Blonde aus. Tucholsky ahnte den Grund und entschuldigte sich in einem zweiten Schreiben lang und breit für seinen formlosen ersten Zettel an sie: »für geordnete Verhältnisse eine Unmöglichkeit!« Diesmal hatte er mehr Erfolg.

IM FALLE EINES FALLES

Ganz konnte sich der Pazifist Tucholsky militärischen Übungen im Krieg nicht entziehen, auch wenn er sich durch seine Schreibtischarbeit weitestmöglich aus allem heraushalten konnte. Im August 1918, drei Monate vor Kriegsende, kommentierte er seine Übungen in Rumänien, wohin er versetzt worden war: »Gestern haben wir Pixtolen eingeschossen. Es war sehr schön. Ich habe dem rumänerischen Friedensschauplatz erhebliche

Löcher zugefügt, hier und da habe ich auch etwas getroffen. Aber die Revolver sind gut, und ich habe es nur getan, damit ich im Fall eines Falles nicht mit dem Ding zu werfen brauche.«

ANDERE LÄNDER ...

Was Tucholsky in Rumänien an Beobachtungen über Land und Leute machte, behagte ihm wenig. An Mary Gerold schrieb er über eine Beerdigung: »Wenn ich da beerdigt werden sollte, ich stände auf und liefe davon. Vorneweg – in den Straßen – Leute mit geschmacklosen bunten Kränzen und dann die Wagen mit den stumpfsinnig theatralischen Popen. Ein Sarg, ein weißer Sarg, mit den Goldbuchstaben des Namens, dahinter heulende Klageweiber (sie bekommen bezahlt) und dann eine Kapelle –! Nein, das kann man nicht beschreiben! Aber ich liefe weg. Bumm-bumm macht der Paukenschläger, ganz stumpfsinnig, und sie blasen falsch, und dann schleppen sie die Leiche bei der Hitze erst einmal sechsmal um den Hauptplatz – nein, ich möchte hier nicht gerne sterben.«

LEIDER VERHINDERT

Ob aus Rumänien oder zwischenzeitlich aus Berlin, im Krieg konnte Tucholsky nur per Post mit der in Litauen verbliebenen Mary Gerold Kontakt halten. Weil die Post oft nicht zuverlässig arbeitete, kam es des Öfteren zu Misstönen, und der eine verdächtigte den anderen, zu selten zu schreiben. Tucholksy konterte solche Vorhaltungen einmal so: »Wenn ich Dich längere Zeit ohne jede Nachricht lasse, dann ist immer etwas los. Entweder ich bin ganz plötzlich krank oder die Post ist gesperrt oder ich bin tot (das ist bisher noch nicht passiert) oder ich muss mir gerade in der Nase grübeln und habe also die Hände nicht frei ...«

KRIEGSENDE

»Ich habe mich dreieinhalb Jahre im Kriege gedrückt, wo ich nur konnte – und ich bedaure, dass ich nicht, wie der große Karl Liebknecht, den Mut aufgebracht habe, nein zu sagen und den Heeresdienst zu verweigern. Dessen schäme ich mich.«

UNZUFRIEDEN

Durch den Ersten Weltkrieg war die gerade erst beginnende journalistische Karriere Tucholskys unterbrochen worden. Zurück in Berlin wurde er Chefredakteur des *Ulk*, der komischen Wochenbeilage des *Berliner Tageblatts*. Doch dort konnte er seine Ansichten zum politischen Geschehen in der Hauptstadt nicht unterbringen, weder über die für ihre sozialen Rechte kämpfenden Arbeiter noch über die um Ruhe und Ordnung bemühten bürgerlichen Parteien. An seinen Freund und Kollegen Hans Erich Blaich, besser bekannt als Dr. Owlglass, schrieb er: »Die Leute sollten nicht immer sagen, hier tobe die große Berliner Schnauze und der Bolschewismus. Die Schnauze hat nichts zu essen ...«

POPULÄR

Vor allem sein Pseudonym Theobald Tiger erklomm bald ungeahnte Popularitätshöhen und erhielt bergeweise Leserpost. Darunter eine Dame, die die Redaktion der *Weltbühne* dankend wissen ließ, eines seiner Gedichte sei ihr aus der Seele geschrieben. Was muss das für eine Seele sein?, fragte sich darauf Tiger alias Tucholsky und zerfetzte gedankenvoll den Brief.

EINE WARNUNG

Jeder braucht ein Dienstzeugnis, und weil sein Vertrauen in die Welt nicht sehr groß war, stellte Tucholsky seinem Pseudonym Peter Panter gleich selbst eins aus: »Herr Peter Panter wurde von mir ab gestern bis heute als Privat-Sekretär beschäftigt. Seine Anlagen, die ihn zum idealen Zweiten befähigen, ließen mich das Beste erwarten. Leider scheiterte seine Beibehaltung an seinem frechen, vorlauten Wesen sowie an seiner maßlosen Gefräßigkeit. Seine sonst guten Manieren stellten sich als Indolenz heraus; sein Horizont hat ungefähr die Größe eines Schnapsglases. Auch seine hässliche Angewohnheit, während des Dienstes dauernd mit Bleisoldaten zu spielen, hat nicht dazu beigetragen, ihn im Betrieb beliebt zu machen. Ich wünsche Herrn Peter Panter das Beste auf seinen fernen Lebenspfaden und kann jedermann nur auf das Schärfste vor ihm warnen!«

WIE SPRICHT MAN RICHTIG?

»Sag nicht: ›Die Auswanderung ließ nach.‹ Wo kämen wir da hin! Sag: ›Emigration ist ein völkergeschichtliches Problem, dessen Diminution zu dieser Epoche ein beachtliches Phänomen darstellt.‹«

SCHWERER VERLUST

T ucholsky hatte von jeher eine besondere Affinität zu Händen. Als er Mary Gerold in Litauen zurücklassen musste, nahm er sich ein Foto ihrer Hände mit, um es sich auf den Schreibtisch zu stellen. Doch der Glasrahmen überstand den Transport nicht: »Da sind nun Deine Hände angekommen in Rumänien, und natürlich sind sie auf der Reise zerbrochen. (Das Glas, nämlich.) Und nun sagt jeder, er kann sie nicht einrahmen, er hat kein Glas und keine Arbeiter und dergleichen. Ich werde nachher abends mit der Ordonnanz ausgehen und Schrecken und Furcht unter die Bevölkerung säen, und dann wird's gleich gehen.«

Nach dem Krieg nahm er die frisch verglasten Hände mit nach Berlin in sein neues Büro beim *Ulk*. Im Juni 1919 brachen Spartakisten ins Redaktionsgebäude ein und besetzten das Haus. Die Staatsgewalt schoss auf das Gebäude, die Spartakisten schossen zurück. Eine Woche herrschte Chaos, und Tucholsky befürchtete das Schlimmste für sein Hab und Gut. Nach der Erstürmung ging er hinein – und fand als einzigen Raum seine *Ulk*-Redaktion unversehrt, während alles andere verwüstet und zerstört war. Ein Wunder!

Doch dann: »Am nächsten Tag – also, die Boten schworen, dass außer der Reinemachefrau keiner im Zimmer gewesen ist: am nächsten Tag waren die Hände weg! Ich habe das Personal auf den Kopf gestellt, ich habe dicke Belohnungen für das Bild versprochen, an dem doch eigentlich ein Fremder kein Interesse finden sollte, dächte ich – es war weg. Nun habe ich es ja zum Glück doppelt – aber im Haus in der Redaktion steht es nicht mehr, sondern ich habe es unter Glas und Rahmen zu Hause. Das ist die Geschichte Deiner Hände.«

FRÜHES ERWACHEN

Einmal begegnete Tucholsky einem Mann in schwarzweißrot-gesäumtem Talar, der wütend auf ihn einredete: »Was? Sie wollen über einen Generalfeldmarschall etwas dichten? Über diesen großen Mann hat nur die Geschichte zu richten! Ich lasse den Saal räumen! Ruhe! Sind Sie Kommunist? Jetzt rede ich! Ich nehme Sie in Ordnungsstrafe! Was denken Sie sich eigentlich!«

Da wurde es Tucholsky zu bunt, und er wollte gerade zur gewaltigsten Erwiderung seines Lebens ansetzen, da ... wachte er auf. Denn, konstatierte er:

»Aber wie das so ist in der Welten Lauf –:
Grade, wenn's am schönsten wird, dann wacht man auf.«

WER HAT UNS VERRATEN ...

Hart ging Tucholsky mit der SPD ins Gericht, warf ihr Versagen und Verrat an den eigenen Anhängern vor. »Und über allem thront dieser Präsident (Friedrich Ebert), der seine Überzeugungen in dem Augenblick hinter sich warf, als er in die Lage gekommen war, sie zu verwirklichen.« Die SPD bezeichnete er schlicht als Radieschen: »außen rot, innen weiß.«

WER IST ES?

Bereits im Januar 1919 startete Tucholsky in der *Weltbühne* die anti-militaristische Artikelserie Militaria – ein Angriff auf den wilhelminischen Geist der Offiziere, der in der Republik weiterlebte. »Wir haben auszufressen, was ein entarteter Militarismus uns eingebrockt hat. Nur durch völlige Abkehr von dieser schmählichen Epoche kommen wir wieder zur Ordnung. Spartakus ist es nicht; der Offizier, der sein eigenes Volk als Mittel zum Zweck ansah, ist es auch nicht – was wird es denn sein am Ende? Der aufrechte Deutsche.«

WER HAT RECHT?

Ohne Schlaf zu finden, wälzte sich Tucholsky eines Nachts im Bett, als von der Straße Lärm zu ihm heraufdrang. Ein Betrunkener fing an zu randalieren und herumzuschreien: »Alle schlag ich sie zusammen – ich! – ein Revolver – Sie werden den Zaun nicht pinseln, mein Herr, Sie nicht …«

Da griffen vier Männer ein und versuchten, den Säufer zu bändigen. Zunächst schien es ihnen zu gelingen, doch dann klirrte eine Fensterscheibe. Dann endlich schien der Fall erledigt, der Mann verschnürt oder eingeschlafen. Doch für die vier Männer war die Sache längst nicht vorbei: Sie begannen, die Rechtslage zu erörtern. Sie mochten selbst nicht mehr ganz fest auf ihren Beinen stehen, doch das musste nun sein. War es Ruhestörung, öffentlicher Lärm? Sachbeschädigung? Könnte der Hauswirt kündigen?

Tucholsky hielt es nicht mehr auf dem Bett, er trat ans Fenster und begutachtete die Szene: Vier schwankende Männer, mitten auf dem leeren Damm, als hätte Carl Spitzweg sie hingepinselt, erörterten um zwei Uhr nachts die Rechtslage. Vier Männer, fünf Meinungen.

Tucholsky ging ein altes Sprichwort durch den Sinn: Wenn der Deutsche hinfällt, steht er nicht auf, sondern sieht sich um, wer ihm schadenersatzpflichtig ist. »Gott segne dieses Land!«, dachte er bei sich.

VERMISSTENANZEIGE

Tucholskys Arbeit für den *Ulk* endete schon nach wenigen Monaten – er fühlte sich eingeengt, konnte seine eigenen politischen Ansichten nicht unterbringen, doch das Wenige, was er sagte, provozierte immer wieder wütende Proteste. Auch wenn die Mehrheit der Tageblatt-Klientel ihn schätzte, verabschiedete sich Tucholsky, der sich immer weiter links orientierte, allmählich ganz von der Zeitung. Manch enttäuschter Leser schwang sich sogar zu poetischen Höhen auf, um den Verlust zu beklagen:

»Was macht unser Pelzbruder Panter?
Warum schreibt er nicht?
Bisher allwöchentlich stand er
im Feuilleton unterm Strich …

Ich seh den Stahl und den Engel,
den Victor Auburtin.
Sehr schön, doch sind's ortsfremde Bengel,
wo ist Panter, unser Cousin?

Man legt an jedem Ersten
die sieben Mark fünfzig hin.
Es wird einem schwer, am schwersten,
man tut's aus Familiensinn.«

EINE FRAGE DES MASSSTABS

Tucholsky sehnte sich nach Mary. Im befriedeten Berlin verdiente und lebte er gut, während Mary in Osteuropa blieb, wo von Frieden noch keine Rede sein konnte. Sie berichtete ihm von täglichen Erschießungen, nächtlichen Hausdurchsuchungen, Wochen ohne Brot, ausgeraubten Läden. Ende 1919 schloss sich Mary den abrückenden deutschen Truppen an, um dem umkämpften Riga zu entkommen. 30 Kilometer Fußmarsch jeden Tag, durch eisigen Wind und Schneegestöber.

Doch Tucholsky hielt sie auf Distanz, wollte sie nicht in Berlin haben. Seine Begründung: »Ich will, dass meine Frau eine Dame ist, oder sie ist nicht meine Frau. Ich mag nicht an zerlatschte Schuhe denken und an all das – an schlecht aufgeräumte kleine Zimmer mit herumgeworfenen Sachen … Pfui. Es soll um Dich und um mich sauber und ordentlich aussehen – deshalb brauchst Du keine Fußböden zu scheuern – eben deshalb nicht. Aber es soll gepflegt und pünktlich und ordentlich und reinlich sein. Und immer, wenn ich zweifelte, rechnete es in mir – und ich weiß, dass alles, was ich will, außerhalb Berlins mindestens 15 000 und in Berlin 30 000 Mark kostet.«

HERR IM HIMMEL

Eine Zeitlang wohnte Tucholsky in Berlin neben einer Schule. Standen die Fenster des Klassenzimmers weit auf, hörte er, wie dreiundfünfzig Kinderkehlen versicherten, dass sie preußisch seien und auch sein wollten. Zugleich schickten sie den lieben langen Tag Choräle zu Gott hinauf. Unter diesen Umständen, dachte Tucholsky, muss der alte Mann da oben glauben, Preußen sei eine große Kinderstube.

DIE LIEBE SITTLICHKEIT

Im *Altöttinger Liebfrauenboten* las Tucholsky ein bemerkenswertes Rezept zur Zügelung der sexuellen Triebe: »Wenn die Reize kommen, dann etwa im Kopf ausrechnen, wie viel 27 mal 28 macht. Bis du das Resultat hast, ist das gereizte Nervensystem abgelenkt und alles wieder in Ordnung.«

Tucholsky erprobte das System und berichtete dem Boten, es habe zunächst ganz hervorragend funktioniert, und er sei gar nicht mehr ohne Logarithmentafel aus dem Haus gegangen. Doch bald machte es ihn ganz närrisch: Wann immer er die Tafel etwa an der Kasse oder in der Wirtschaft wirklich zum Rechnen brauchte, wurde er ganz wuschig, selbst wenn gar keine Frauen in der Nähe waren. Sein Schluss: »Übrigens schlage ich vor: 3 mal 23. Es kommt der Sache näher.«

KLATSCH UND TRATSCH

Für eine Weile ließ sich Tucholsky von einer Dame namens Erika begleiten, die ihn um acht Zentimeter überragte. Beiden entging nicht, wie sie auf der Straße begutachtet wurden. Nicht von den Männern, denn die, meinte Tucholsky, wüssten ja gar nicht, was eine richtige Schadenfreude ist. Aber die Frauen! Da ging ein Ellenbogenstupsen durch die Gruppen, und Tucholsky konnte den Damen ihre Gedanken an der Nasenspitze ansehen:

»Hurra! Eine Frau, die mir unterlegen ist! Sie ist zu lang! Habt ihr die gesehen? Guckt mal, die! Die möchte ich mal tanzen sehen. Steigt der kleine Dicke auf eine Fußbank, wenn er sie küsst?« So gafften alle gleich, und die gute oder schlechte Kinderstube machte nur einen Unterschied in der Offensichtlichkeit des Hohns.

»Es ist unerfindlich, wie boshaft Menschen sein können«, meinte Tucholsky zu seiner Begleiterin, schließlich konnte sie doch nichts für ihre Größe! Und für ihn war sie gerade richtig. Plötzlich kam den beiden ein Paar entgegen. Er von normaler Statur, und sie: so zierlich, so puppenhaft, so klein, so unendlich lütt …

Tucholsky stupste Erika in die Seite und wechselte blitzschnell einen Blick mit ihr. Drei Schritte weiter raunte er: »Erika, hast du diese kleine Person gesehen? Lächerlich. Ist ja lächerlich. Was macht der, wenn er sie küsst –?«

WAHRE GRÖSSE

In seinen frühen Jahren glänzte Tucholsky vor allem durch seine genau beobachtenden Schauspielerporträts. Besonders die hübsche, aber etwas maskulin wirkende Gussy Holl hatte es ihm angetan. Über sie schwärmte er: »Frankfurt hat zwei große Männer hervorgebracht: Goethe und Gussy Holl.«

LEHRREICH

Eines Tages kam Tucholsky mit einem etwas umständlich formulierten Artikel für die *Weltbühne* zu seinem Freund und Mentor Siegfried Jacobsohn. Dieser runzelte beim Gegenlesen die Stirn. Tucholsky ahnte schnell, worauf das hinauslief, und rief erklärend: »Ich wollte damit sagen, dass ...«

Jacobsohn unterbrach ihn: »Dann sag es!«

QUALITÄTSMESSER

Für den Film hatte Tucholsky wenig übrig. Er hielt es mit dem Theater, dem er mehr Qualität zugestand. Von einem Kollegen darauf angesprochen, entgegnete er unwirsch: »Ein Film ... Was kann das schon sein, wenn es die Zensur erlaubt hat?«

PAPIER FÜR DIE EWIGKEIT

Der Ausweiswahn der Deutschen machte Tucholsky fuchsteufelswild. Überall brauchte man ein Papier, das zu besorgen meist ein Ärgernis war, weil man gelangweilten und gleichzeitig von der eigenen Wichtigkeit überzeugten Beamten ausgeliefert war. Doch machte er sich wenig Hoffnung, gegen diese Idiotie anschreiben zu können: »Jeder hält alle Ausweise für überflüssig – nur den seinen nicht. Und munter schmiert ein ganzes Volk, statt zu arbeiten, weiter Formulare. Und es soll mich nicht wundern, dass eines Tages, wenn Erich Ludendorff in den Himmel kommt (und wo käme er bei der anerkannt guten himmlischen Justiz wohl sonst hin?) – dass dem verdienten General ein dicker Wachtmeister mit ein paar kleinen Flügelchen auf dem Rücken entgegenschaukelt, sich gerade aufrichtet, die Knochen zusammenreißt und alleruntertänigst und gehorsamst meldet: ›Ich bitte um einen Ausweis!‹«

TUCHOLSKY FOR PRESIDENT

Manche Leser nahmen das Verwirrspiel mit den Pseudonymen übel, vermuteten gar Geiz der Redaktion dahinter, andere gingen auf das muntere Bäumchen-wechsel-dich gern ein. So erreichte die *Weltbühne* 1922 ein satirischer Leserbrief, der das tucholskysche Prinzip auf die Politik übertrug:

»Und der Reichstag besteht nicht aus 12 oder 22 Parteien, sondern aus einer, darin einer aufsteht und spricht: Meine Damen und Herren, für die Ministerliste schlage ich vor:

Inneres	Ignaz Wrobel
Reichswehr	Theo Tiger
Kultus	Peter Panter
Finanzen	Kaspar Hauser
Äußeres und Reichskanzler	Dr. Kurt Tucholsky

Großer Jubel.«

SCHLAGENDE ARGUMENTE

Mancher freie Mitarbeiter beschäftigte die Redaktion der *Weltbühne* mehr, als ihr lieb sein konnte. Zu dieser Gattung gehörte auch ein Herr, den Tucholsky in seinen Briefen stets »Wippchen« nannte. Jedes Schreiben an die Redaktion endete mit der Bitte um Vorschuss, doch formulierte der Mann dieses Ansinnen stets neu und überraschend. Einer der Briefe endete: »Um diesen Brief nicht noch einmal öffnen zu müssen, bitte ich Sie, bevor ich ihn zulecke, um einen Vorschuss von 30, schreibe sechzig Mark. Seit dem letzten Mal habe ich keinen Vorschuss von Ihnen bekommen.«

ALPHABETISCHES

Zum engeren Kreis seiner Schriftstellerfreunde zählte Tucholsky auch den österreichischen Publizisten Alexander Roda Roda. Gern flachste man untereinander: Roda Roda werde sicher vieles erreichen, aber eines nie: im Kürschner, dem Literaturkalender schlechthin, der die Herren und Damen Literaten in alphabetischer Reihenfolge listete, an erster Stelle zu stehen.

Doch dann erschien der neue Kalender, und siehe da, an erster Stelle stand:

Aaba, siehe Roda Roda.

Und so erging es Tucholsky jedes Mal, wenn er den neuen Kürschner durchblätterte: überall Pseudonyme, die ihn vor Neid erblassen ließen.

ACH UND WEH

»Wenn Kurtchen unpässlich war, dann benahm er sich wie ein Baby«, wusste sein Freund und Kollege Walter Mehring zu berichten. Hatte sich Tucholsky seine erste Frau also mit Bedacht ausgesucht, nachdem es ihm nicht gelungen war, die Fernbeziehung zu Mary in Berlin in echte Zweisamkeit zu verwandeln? Else Weil war längst promoviert und niedergelassene Ärztin, als die beiden im Mai 1920 heirateten.

ERTAPPT

Als der Komponist Friedrich Hollaender einmal in seiner Wohnung ein Fest gab, bemerkte er, dass Tucholsky, an einen Türrahmen gelehnt, nachdenklich das muntere Treiben und insbesondere die vielen schönen Frauen beobachtete. Als der Gastgeber auf ihn zutrat, seufzte er: »Ach, dass man sie nicht alle haben kann ...«

SINNESWANDEL?

Frisch verheiratet mit Else Weil, gelobte Tucholsky Besserung und diktierte in Theobald Tigers Feder:

»Dass man nicht alle haben kann –!
Das lässt sich zeitlich auch nicht machen ...
Ich weiß, jetzt wirst du wieder lachen!
Ich komm doch stets nach den Exzessen
zu dir und kann dich nicht vergessen.
So gib mir denn nach langem Wandern
die Summe aller jener andern.
Sei du die Welt für einen Mann ...
weil er nicht alle haben kann.«

Der Sinneswandel hielt nicht lange vor, die Ehe bestand keine vier Jahre. Else Weil sagte später: »Als ich über die Damen wegsteigen musste, um in mein Bett zu kommen, ließ ich mich scheiden.«

GUSSY HOLL

In den zwanziger Jahren schrieb Tucholsky Chansons für die besten Kabaretts Berlins, in denen Stars wie Claire Waldoff, Trude Hesterberg und Gussy Holl auftraten. Dabei begeisterte ihn besonders Gussy Holl, auf die er ungebrochen überschwängliche Lobreden hielt: »Abgesehen von meiner Verliebtheit: Sie ist wirklich so. Und ihr werdet mir doch die Freude nicht verübeln, mich, wie in meinen Kindertagen, in die ›Schauspielerin‹ zu verlieben: nicht in die Frau – denn ist es auszudenken, dass sie einen je küsste? –, sondern in ein Zauberwesen, das nicht isst, nicht schläft, nicht lebt, sondern das nur singt, Kusshände wirft und vom lieben Gott eigens dazu geschaffen ist, uns armen jungen Leuten Trost einzuflößen.«

So war ihr denn auch sein erstes Chanson »Die blonde Dame« auf den Leib geschrieben.

AFFENZIRKUS

Eines schönen Frühlingsmorgens ging Tucholsky in den Zoo und verweilte am Gehege einer abessinischen Affenhorde. Dort beobachtete er Erstaunliches: Während sich die Familien draußen auf ihrem Sonntagsausflug zum Affen machten, damit ihnen im Käfig etwas geboten werde – sie warfen Brot, pieksten mit Stöcken, gaben merkwürdige Laute von sich –, benahmen sich die Affen drinnen wie die zivilisierteste

Gesellschaft: Als Bewegung in die Gruppe kam, wirkte es wie ein Familienbad in Zinnowitz. Zwei Junge rannten kreischend umher, ein bärtiger Konsistorialrat besprach ernst mit einem Studienrat die Schwere der Zeiten. Eine verlassene Äffin verfolgte das Treiben der Ehemaligen aufmerksam aus der Ferne. Ein junger Affe sprach mit seinem Verleger, der ihm unter heftigen Arm- und Bein-bewegungen fünfzig Prozent abzog. Zwei Sozialdemo-kraten gaben sich vernünftig und realpolitisch, schauten missbilligend zu den Jungen und schlossen gleich darauf einen Kompromiss. Zwei andere Affen beredeten ein Ge-heimnis, das nur sie kannten.

Tucholsky erinnerte sich, dass früher in diesem Ge-hege eine Gruppe Menschenaffen aus Gibraltar gelebt hatte, die eingegangen war. Ob die Affen auch einen Präsidenten hatten, eine Reichswehr und Oberlandesge-richtsräte im fernen Gibraltar? Und weil man ihnen das genommen hatte, waren sie eingegangen. Denn was ein richtiger Affe ist, der kann ohne so etwas nicht leben.

SO BILLIG WIE GOETHE

Mit seinem Verleger Ernst Rowohlt lag Tucholsky stets im mehr oder weniger ernsten Klinsch um die Honorare, die Ausstattung und nicht zuletzt den richtigen Preis. Rowohlt gab sich arm, Tucholsky hielt dagegen. Zum Beispiel, indem er Rowohlt folgen-den Leserbrief weiterschickte:

»Lieber Herr Tucholsky!
Erlauben Sie mir, dass ich Ihnen zu Ihren Werken meine vollste Anerkennung ausspreche. Das wird Ihnen zwar gleichgültig sein – aber ich möchte doch noch eine weitere Bemerkung hinzuzufügen. Hoffentlich sterben Sie recht bald, damit Ihre Bücher billiger werden (so wie Goethe zum Beispiel). Ihr letztes Buch ist wieder so teuer, dass man es sich nicht kaufen kann.«

DIE FLIEHENDEN KAISERADLER

Im August 1921 hatte Tucholsky als Theobald Tiger in der Zeitung *Freiheit* verlauten lassen: »Das deutsche Offizierskorps hat im Kriege seine Pflicht nicht erfüllt. Das deutsche Offizierskorps setzt sich aus kulturfeindlichen Schädlingen zusammen, die um ihres Postens willen bereit sind, jede Desperadopolitik mitzumachen. Der Geist des deutschen Offizierskorps taugt nichts. Ein ständig wachsender Teil der Nation lehnt diesen Ungeist und seine Träger ab. Wir brauchen sie nicht mehr. Beleidigungsklagen ändern an diesem Urteil nichts.«

Der Schlussmaxime zum Trotz klagte die Reichswehr wegen Offiziersbeleidigung. Tucholsky jedoch konnte das Gericht davon überzeugen, er habe nicht die Offiziere beleidigen wollen, denn er kämpfe nicht gegen Personen, sondern gegen ein System. Die linke Presse bejubelte die Blamage der Reichswehrführung, die rechte behauptete: »Unnötig der Jubel in der Jerusalemer Straße. Theobald Tiger darf die deutschen Offiziere ungestraft beleidigen; denn er kann sie nicht beleidigen.«

Die zahlreichen Hassbriefe, die in der Folge auf den Dichter einprasselten, sprachen allerdings eine andere Sprache – von vermeintlicher Überlegenheit keine Spur. Als Schlusspunkt der Angelegenheit erschien schließlich im völkischen Verlag J. F. Lehmann der Wälzer »Die Offiziershetze als politisches Kampfmittel« des Oberstleutnants Boehm-Tettelbach, für den Tucholsky bzw. sein Pseudonym der Hauptfeind war. Über den deutschen Heldenmut im Krieg schrieb Boehm-Tettelbach: »Wir folgten den fliegenden Kaiseradlern der deutschen Heere.«

Tucholsky kommentierte in der *Weltbühne* lapidar: »Das ist ein Druckfehler. Es muss ›fliehenden‹ heißen.«

GRABUNGSARBEITEN

H in und wieder war Tucholsky durchaus bereit, der Staatsanwaltschaft unter die Arme zu greifen. Deswegen bekannte er sich 1922 in einem offenen Brief eines Verstoßes gegen § 184 über die Verbreitung unzüchtiger Schriften, denn er habe sich ein Buch mit unerlaubten Bildern gekauft. Zugleich vermittelte er den Eindruck, wenig Angst vor einer Hausdurchsuchung zu haben: »Ich habe das Buch in einer Laube vergraben. Komm, wir wollen spielen: ›Feuer, Wasser, Kohle …‹ Streng Dich an; such, such, such –!«

JUSTITIA IST BLIND

Nicht nur die Attentate auf linke oder liberale Politiker und Publizisten wie Karl Liebknecht, Rosa Luxemburg, Walther Rathenau, Matthias Erzberger oder Maximilian Harden sprachen Bände über den demokratischen Zustand der Weimarer Republik. Als Prozessbeobachter in Verfahren gegen rechtsradikale Fememörder musste Tucholsky feststellen: »Der deutsche politische Mord der letzten vier Jahre ist schematisch und straff organisiert ... Alles steht von vornherein fest: Anstiftung durch unbekannte Geldgeber, die Tat (stets von hinten), schludrige Untersuchung, faule Ausreden, ein paar Phrasen, jämmerliches Kneifertum, milde Strafen, Strafaufschub, Vergünstigungen – »Weitermachen!« ... Das ist keine schlechte Justiz. Das ist keine mangelhafte Justiz. Das ist überhaupt keine Justiz ... Balkan und Südamerika werden sich den Vergleich mit diesem Deutschland verbitten.«

BEISCHLÄFER

Mit der Justiz hatte Tucholsky leidlich Erfahrungen und so Gelegenheit, sich ein Bild von der Besetzung deutscher Gerichtssäle zu machen: »Wozu die deutschen Strafkammern einen Staatsanwalt brauchen, ist nicht ganz klar – er hat die Funktion, alles den Angeklagten Belastende beizubringen, und das tut ja schon der Vorsitzende. Und neben dem Vorsitzenden, da sitzen nun noch, je nach der grade geltenden Justizreform, drei oder fünf Herren, und das sind die Beisitzer. Was machen die Beisitzer eigentlich?

Die Beisitzer haben viel zu tun. Sie setzen sich zum Beispiel ihr Käppi auf, wenn es der Vorsitzende aufsetzt, nachher setzen sie das Käppi wieder ab. Oft ruhen die Beisitzer, im Unendlichen verloren, und lassen sich still im Gang der Verhandlung dahintreiben. Es kommt auch vor, dass einer von ihnen, der innern Sammlung wegen, sanft die Augen schließt …

In einer Privatgesellschaft sah ich jüngst drei Herren einen Skat spielen. Drei spielten, und zwei andre waren dabei. Kaum, dass die die Augen aufhalten konnten. Es waren keine Steher und keine Flieger, sie saßen nicht, und sie standen nicht. Es waren – Gott sitz mir bei! – Beischläfer.«

SCHADENFREUDE

Zu den bahnbrechenden Entwicklungen für den Alltag gehörte in den zwanziger Jahren der zur Serienreife weiterentwickelte Reißverschluss. Das Ding beschäftigte Tucholsky, weil es so simpel und doch funktionell war, aber wie funktionierte es denn? Das wollte sich ihm nicht erschließen.

Und so sann er über den Erfinder des Wunderdings nach. Er imaginierte den kleinen Buchhalter Sam, der unglücklich lebt, aber in seiner Freizeit gerne tüftelt. Eines Nachts durchfährt ihn der Geistesblitz, wie der störrische Taschenverschluss seiner nicht ganz so lieben Liebsten zu beheben sei: Er hämmert und zwickt und schweißt, bis das Ding fertig ist. Am nächsten Tag präsentiert er den Reißverschluss seinem Chef, der ihm das Patent abkauft und sich im Geheimen die Hände reibt ob des gelungenen Coups. Sam rafft das bisschen Geld zusammen, nimmt sich eine neue, schöne Frau und verduftet nach Paris. Vor dem Patentamt nun gerät der frischgebackene Patentinhaber in Erklärungsnot: Zwar hat ihm Sam erklärt, wie das Ding gehandhabt wird, aber warum es funktioniert, das nicht. Und so geht der Reißverschluss um die Welt, ohne dass sich irgendwer den Mechanismus erklären kann.

Nur Sam weiß es, aber der sitzt längst, ohne Geld und ohne Frau, in Paris in einer versteckten Ecke und verkauft Zeitungen; nur eine einzige, süße kleine Schadenfreude ist ihm geblieben: »Er weiß, warum der scheinbar so einfache, welterobernde Reißverschluss funktioniert. Und er sagt's keinem.«

LIEBER HOLZ ALS STEHEN

Eines schönen Tages geriet Tucholsky in einem Zug gen Brandenburg mitten in den Strom der Wochenendausflügler. Der Zug war voll, und er streifte durch die Abteile auf der Suche nach einem Sitzplatz. Als er endlich einen gefunden hatte – in der Holzklasse –, betrachtete ihn sein Sitznachbar vorsichtig, bevor er sich zu fragen traute: »Herr Tucholsky, was verschlägt sie denn in die dritte Klasse?«

Tucholsky entgegnete: »Es gibt Leute, die wollen lieber einen Stehplatz in der ersten Klasse als einen Sitzplatz in der dritten. Es sind keine sympathischen Menschen.«

IS EJAL!

In einem Aufsatz über das deutsche Militär, der 1923 in der *Weltbühne* erschien, war Tucholsky ein Fehler unterlaufen: Er hatte zwei Namen verwechselt und eine Missetat einem einfachen Offizier in die Stiefel geschoben, die eigentlich sein Kommandeur zu verantworten hatte. Die Presseabteilung der Reichswehr nutzte die Gelegenheit prompt und verlangte nicht etwa Berichtigung durch die *Weltbühne*, sondern zog im Namen des Offiziers vor Gericht. Kaum hörte Tucholsky von diesem Vorgang, druckte die *Weltbühne* eine Berichtigung und Tucholsky entschuldigte sich in aller Form persönlich bei dem Offizier. Eine Kopie des Schreibens ging an die Reichswehr. Tucholsky konstatierte: »Der Oberst antwortete nicht, die Reichswehr nahm die Klage nicht zurück, und ich war das letzte Mal loyal zu den Preußen gewesen.«

Das Szenario am Tag der Verhandlung in Berlin-Moabit war klar: Der Richter würde die Delinquenten anhören, die Berichtigung zur Kenntnis nehmen, den vorgeladenen Oberst vernehmen, feststellen, dass es sich schlicht um einen Irrtum handelte, und der Redaktion nichtsdestotrotz die Verantwortung aufladen. »Hier war Fahrlässigkeit geschehen – ich hatte den Nacken hinzuhalten«, wusste Tucholsky.

Dass er mit dieser Einschätzung nicht alleine dastand, bestätigte sich kurz vor Verhandlungsbeginn. Vor dem Saal schaute der Gerichtsdiener auf die Uhr, dann zur Angeklagtenriege und fragte: »Ihr Anwalt ist noch nicht da?« Als Tucholsky verneinte, sagte der Mann: »Na, is ejal! Der kann Ihnen ooch nich helfen.«

NEUE WEGE

Inmitten der Weltwirtschaftskrise, 1923, entschloss sich Tucholsky, dem unsicheren Journalistenberuf ein handfestes Einkommen entgegenzusetzen: Er heuerte in einer Bank an. Er hatte wenig Kenntnisse vom Geldgeschäft, musste sich überall erst einarbeiten, verdiente aber solide. Als ihn eines Tages ein ehemaliger Klassenkamerad dort entdeckte, schwer beschäftigt »hinter einer dichten Mauer von Kunden, Spekulanten, die Papiere schacherten oder Devisen handeln wollten«, ließ Tucholsky kurzerhand alles stehen und liegen, winkte und rief zum Amüsement der anwesenden Kundschaft laut: »Willst du ein Viertelpfund Dollars haben? Geschnitten oder im Ganzen?«

BITTE NICHT!

Lisa von Schönebeck, eine Bekanntschaft aus der Bank, schrieb vorsichtig an Tucholsky – der gerade erst aus der gemeinsamen Wohnung mit Else Weil ausgezogen war –, ob sie nicht für zwei Tage nach Berlin kommen könne, sie habe Sehnsucht nach ihm. Die Antwort kam prompt und unmissverständlich: »Hier auf zwei Tage nach Balin kommen, und Peter denn auf dem Bahnhof, mit Hurraflagge und Jungfernsträußchen und gutem Anzug und denn im Triumphzug nach Hause ›geleitet‹ – und denn hurrehurrehopphopphopp – und Blumen und Konfekt und alle die teuern Sachen und zwei Tage lang immer ›Nur du –!‹ – und Tränen, wenn Abfahrt und Winkewinkewinke mit dem letzten heilen Taschentuch und Wegwischen der Trauerpopeln … Nein, da faul lieber. Das ist mich bequemer.«

RAT EINES LESERS

Siegfried Jacobsohn leitete folgenden Leserbrief an Tucholsky weiter: »Sehr geehrter Herr! Ich muss Ihnen mitteilen, dass ich Ihr geschätztes Blatt nur wegen der Arbeiten Ignaz Wrobels lese. Das ist ein Mann nach meinem Herzen. Dagegen haben Sie da in Ihrem Redaktionsstab einen offenbar alten Herrn, Peter Panter, der wohl das Gnadenbrot von Ihnen bekommt. Den würde ich an Ihrer Stelle …«

DER ARME MANN

Nach vielen Jahren traf Tucholsky, inzwischen ein gut verdienender Autor, einen ehemaligen Mitschüler wieder, und es war, wie man es sonst nur aus Romanen kennt: Da stand ein armer Mann draußen am Zaun und bettelte, und der wohlhabende Mann stand drinnen und klopfte sich die Kuchenkrümel von der Weste.

»Kennst du mich nicht mehr?«, fragte der arme Mann leise – es war Tucholsky.

Den genauen Fortgang der Begegnung vergaß er alsbald wieder, doch sein alter Schulkamerad war inzwischen Regierungsrat geworden, und aus ihm selbst, fürchtete Tucholsky, würde wohl nie etwas Rechtes werden. Nicht zu Lebzeiten – und vielleicht nicht einmal später.

DIE GRETCHENFRAGE

»Herr Tucholsky, was halten Sie von der Religion?«, schrieb einmal ein eilfertiger Leser an die *Weltbühne*.

Tucholsky antwortete prompt: »Der Mensch hat zwei Beine und zwei Überzeugungen: eine, wenn's ihm gut geht, und eine, wenn's ihm schlecht geht. Die letztere heißt Religion.«

DIE KUNST DES PLAGIATS

ucholskys Verhältnis zu Brecht war ein zwiespältiges, nicht von ungefähr nannte er ihn einen »hochbegabten Hochstapler«. Denn während wir die »Dreigroschenoper« heute ohne Bedenken Brechts Werk zuordnen, wurde in der Weimarer Zeit heiß diskutiert, ob es zulässig sei, so viel Wort und Ton von anderen zu übernehmen und am Ende seinen eigenen Namen darunterzusetzen. Brecht selbst ging die Sache offensiv an und proklamierte: »Der ›Urheber‹ ist belanglos, er setzt sich durch, indem er verschwindet.« Brechts Lyrik erschien Tucholsky groß, die Pose des literarischen Diebes jedoch indiskutabel: »Das soll sehr rebellisch klingen, es ist aber nur dumm.«

ALLES BEIM ALTEN

er Gang zum Schneider war für Tucholsky eine Herausforderung: Zum einen fühlte er sich mit seiner männlichen Eitelkeit konfrontiert wie sonst nur beim Rasieren, und, noch schlimmer, mit drei Spiegeln um sich herum. Da sah er sich im Profil: »Pfui Deibel! Mit diesem Profil laufe ich also nichtsahnend und selbstverständlich herum? Sehr unvorsichtig! Die Augen gehen ja noch – aber welche Unterpartie! Das ist bitter. Und diese verkniffenen Lippen –! Ich habe immer gefunden, dass Leute mit leicht hervorstehender Unterlippe reich sind, sie schlürfen gewissermaßen das Geld auf; es gibt ihnen einen gesicherten, unbekümmerten Ausdruck … Ich stecke die Unterlippe ein klein wenig vor, gleich sehe ich viel wohlhabender aus, ich will jetzt immer so herumlaufen.«

Noch schlimmer aber: Eigentlich freute er sich nicht auf den neuen Anzug, er liebte den alten mit treuer, zärtlicher Zuneigung. Er hatte sich seinem Leib und seinen Gewohnheiten angefügt. Der neue würde an ihm doch nicht so fein aussehen wie an den schlanken Herren in den Modemagazinen, sondern seine kurzen Beine und seinen »Eierkopf« zur Geltung bringen …

Frisch angepasst, tat der neue Anzug nun, als säße er wie angegossen. So verließ Tucholsky seinen Schneider – und stopfte sich, kaum aus der Tür, in die Taschen, was der Herr von Welt mit sich führen muss: eine dicke Viehhändlerbrieftasche in die Brusttasche, links am Gesäß ein Portemonnaie, rechts ein Riesen-Gefängnisschlüsselbund, in die Seiten *L'Europe*, *L'Europe Nouvelle*, *L'Intransigeant* und natürlich die *Weltbühne*. Prompt sah er aus wie ein Filmdirektor, als er noch ganz klein war, und dachte bei sich: »Bei einem Anzug darf man nicht sehn, dass er neu ist, meiner sieht schon, wie ich nach Hause komme, aus, als sei ich in ihm auf die Welt gekommen, und ich werde mir wohl bald einen neuen Anzug anmessen lassen.«

HUNDERT JAHRE EINSAMKEIT

War Tucholsky von einem Autor überzeugt, sprang er für ihn ohne Zögern in die Bresche. So auch für den kaum inszenierten Georg Büchner: »Lieber S. J. (Siegfried Jacobsohn), sagen Sie doch den Theaterdirektoren, sie möchten Georg Büchner aufführen. Hundert Jahre sind eine lange Zeit, und wenn einer so lange gewartet hat, dann will er sich im Grab auch einmal auf die andre Seite drehen.«

KAMPF DEM LIEBESLEID

Wie bekämpft man Liebeskummer? Tucholsky empfahl: durch Lektüre! Für die sehr gebildeten Schichten dürften es gerne die Klassiker sein, für die meisten aber ist das intensive Buch das Richtige, das den Leser mitreißt und nicht mehr loslässt. Selbst schlaflose Nächte sind dann kein Problem, denn die Liebeskranke braucht keinen Schlaf; sie kann ja lesen. Damit es auch die richtigen Bücher sind, die auf dem Nachttisch liegen, sollte die vorausschauende Dame ihren Liebsten gleich zu Beginn der Liaison fragen: »Was rätst du mir zu lesen, wenn wir uns gezankt haben?«

Für sich selbst aber favorisierte Tucholsky ein anderes Mittel: »Arbeit ist auch nicht schlecht.«

PRIORITÄTEN

Noch in der Trennungsphase von Else flammte Tucholskys zwischenzeitlich erloschene Liebe für Mary Gerold wieder auf. Er schickte ihr Briefe, Blumen und das ein oder andere Mal auch Theater-Billets. Aber er war sich seiner Sache nicht sicher und legte einer solchen Sendung die Zeilen bei: »Aber nur, wenn jemand gar nichts Besseres zu tun hat. Es ist nicht wichtig, und wenn Ihre Majestät die Tanzkönigin von Tuckum an diesem Abend einen One-step wackeln will – so möchte Er die Karten verschenken.«

EIN LEBEN WIE IM FILM

Einmal begleitete Tucholsky Karl Valentin durch Berlin. Der »bayrische Nestroy« führte seine Bühnenpartnerin und Geliebte Liesl Karlstadt am Arm. Plötzlich stürmte die Ehegattin Valentins auf die Gruppe zu und begann, auf offener Straße maßlos zu schimpfen: »Sie Schlampen! Sie leben mit meinem Mann! I wer Eahna ...« usw.

Die Leute strömten zusammen, begafften neugierig die Szene, und Valentin wurde die Situation sichtlich unangenehm. Doch gekonnt nahm er den Leuten den Wind aus den Segeln: »Gehn's weiter. Das is a Kinoaufnahmen!«

HOCHKONJUNKTUR

Als Korrespondent der *Weltbühne* und der angesehenen *Vossischen Zeitung* ging Tucholsky im Frühjahr 1924 nach Paris. Mary blieb vorläufig noch in Berlin. Ihre Übersiedlung hing an einer passenden Wohnung, die sich in Paris nicht finden wollte – ob wegen der überhöhten Preise (Tucholsky meinte, dass in Paris jeder zwei Klassen unter seinem sonstigen Lebensstandard wohne) oder wegen Tucholskys überhöhten Ansprüchen, sei dahingestellt. An Mary nach Berlin schrieb er: »Sucht Wohnung wie Affe. Ein Viertel hat's mir ganz besonders angetan – zwischen Passy und der Stadt, nahe Auteuil. Wie in einer kleinen Stadt ist es da. Aber alles voll und rasend teuer. (Die Olympischen Spiele!)«

ÜBERREPRÄSENTIERT?

Auch nach Tucholskys Übersiedlung nach Paris blieb er der wichtigste Autor für Siegfried Jacobsohn und seine *Weltbühne* – sowohl was Qualität als auch Quantität anging. Davon zeugten nicht zuletzt die Leserzuschriften. Ein Herr aus Bonn schrieb scherzhaft:

»Im Kreise ehemaliger Intellektueller ist der Zitaterich ausgebrochen. Keine zehn Schritte, ohne dass irgendeiner etwas von Peter Panter zitiert. Was kann man dagegen bloß tun?«

KURZ VOR DEM TODE

Wenn es darum ging, etwas zu bekommen, war Tucholsky um keine charmante Übertreibung verlegen. Mitte der zwanziger Jahre pflegte er zum Beispiel engeren beruflichen wie privaten Kontakt zu der Kabarettistin Kate Kühl – Schülerin von Rosa Valetti, die, unter anderen von Tucholsky ermuntert, dass einflussreiche Kabarett im Café Größenwahn gegründet hatte. Um nun ein hübsches Porträt von Kate Kühl zu bekommen, schrieb er ihr: »Im Treppenhaus meines Palastes (ein kleines Häuschen bei Paris) hängen alle Männer, die ich gern habe, Rosa Valetti – aber Sie fehlen. Sie täten mir so kurz vor meinem Tode einen rechten Gefallen.«

SECHS ODER SIEBEN

Korrekturlesen war ganz sicher nicht Tucholskys liebste Beschäftigung. 1924 beklagte er sich einmal bei Mary: »Gedruckt sieht immer alles ganz anders aus. Ich sterbe sicher jedes Mal sieben Tode, wenn ich den Kram gedruckt sehe. (›Seine jüdischen Übertreibungen! Es werden 6 Tode sein!‹)«

VORNEHMES GLÜCK

Für Heinrich Zille empfand Tucholsky echte Bewunderung; er hielt ihn für den einzigen deutschen Literaten seiner Zeit, der wirklich über Humor verfügte. Einmal waren sie gemeinsam bei einer vornehmen Familie eingeladen, wo es so fein zuging, dass beide Beklemmungen bekamen: Der Vater spielte das Harmonium, die Mutter wackelte vor innerem Adel, und die Kinder gaben sich so altklug, dass Tucholsky das Grausen kam. Auf dem Heimweg fragte er Zille, wie es ihm gefallen habe. Zille dachte einen Moment nach und sagte dann: »Die Leute sind emsig glücklich!«

GUTER RAT

Kaum war Mary bei Tucholsky in Paris eingezogen, ging die Suche nach einem Domizil von vorne los, denn zufrieden war der Hausherr keineswegs. Er wollte etwas mit eigenem Bad, Licht und Ruhe, die er dringend zum Arbeiten brauchte, auch wenn er den Trubel der Stadt nicht missen wollte. Es verschlug sie in den Vorort Le Vésinet, der laut Prospekt vor allem durch die Morgenstille glänzte. Stattdessen: Hundegebell, »stumpfsinnig, aufgeregt, ununterbrochen«.

Siegfried Jacobsohn riet ihm aus Berlin zu den »Bellmaschinen«, wie sie Tucholsky getauft hatte: »Vergifte die Hunde. Aber ziehe nicht um.«

UM VIER WÄNDE

Die langwierige Wohnungssuche veranlasste Tucholsky zu verschiedensten Reflexionen. Wonach Wohnungen vergeben wurden, blieb ihm ein Rätsel – am Geld allein konnte es jedenfalls nicht liegen, vielmehr war eine freie Wohnung ein Machtfaktor, ein Trumpf in der Hand des Eigentümers, den er folgerichtig nur höchst ungern aus der Hand gab. Außer Geld konnte man dafür nämlich noch ganz andere Güter erhalten: Empfehlungen, Beteiligungen, vielleicht sogar eine reiche Braut! Kein Wunder, dass Tucholsky schließlich konsterniert feststellte: »So ohne weiteres in ein französisches Haus zu treten und an die Portiersfrau die Frage zu stellen: ›Ist hier eine Wohnung zu vermieten?‹ ... Also eher kann man in den Salon einer fremden Familie hineinpoltern und sagen: ›Ach, entschuldigen Sie: Ich möchte gern die Tochter des Hauses heiraten!‹«

PARIS LIEGT NICHT AM MEER

Paris mochte zeitweilig Tucholskys Heimat sein, zu meckern fand er immer etwas, selbst wenn es nichts gab. An die Kabarettistin Kate Kühl schrieb er: »Paris ist eine schöne Stadt – aber nie singt hier einer: ›Schiff ahoi!‹.«

ENTLOHNUNG

Nach fünfzehn Jahren Erfahrung als Publizist und fleißiger Rezensent kam Tucholsky zu dem bitteren Schluss, dass man es mit Autoren doch ziemlich schwer habe: Bespricht man sie nicht, sind sie böse, tadelt man sie, nehmen sie es übel, und lobt man sie, zahlen sie es einem nicht zurück. Siegfried Jacobsohn beklagte, es habe ihn in seinem ganzen Redakteursdasein nur einmal ein Autor zu bestechen versucht: mit gerade mal 75 Mark.

Tucholsky seinerseits behauptete, wenigstens mit einer Summe von 100 Mark aufwarten zu können – wenn auch in der Inflation. Der edle Spender sei Walter Mehring gewesen, dessen Sekretär folgendes Schreiben sandte:

»Sehr geehrter Herr!
Im Besitz Ihrer werten Kritik erlauben wir uns, anliegend unsrer Anerkennung Ausdruck zu geben, welchselbe nach folgendem Staffelsystem errechnet wurde:
Epitheta ornantia:

37 mittlere	26 Mark
2 verdiente	0 Mark 35
115 überschwängliche	50 Mark 65
Vergleiche mit Theobald Tiger	68 Mark 20
Dito George Grosz	35 Mark 00
Dito Villjon	1 Mark 80
11 Seelenschreie à 0 Mark 50	0 Mark 22
Summa	182 Mark 22

Da wir andrerseits das bedauerliche Fehlen von ›Zeit-
nähe‹, ›Ewigkeitswerte‹, ›Zentral‹ und ›gekonnt‹ feststellen mussten, ermäßigt sich obige Anerkennung
auf 100 Mark«

MALCHEN BEESE

Im Spätsommer 1925 brach Tucholsky zu einer Reise
in die Pyrenäen auf. Im 1927 erschienenen »Pyrenäenbuch« vermittelt er den Eindruck, er sei ganz allein
unterwegs gewesen – dabei war Mary stets an seiner Seite. Doch die Stimmung war schlecht, es gab einen straffen
Reiseplan, der für Marys Wünsche keinen Raum ließ. In
dem Buchexemplar, dass Tucholsky eigens für Mary binden ließ, sind denn auf der Karte auch etliche Orte mit
Symbolen markiert. Die Legende weist ihre Bedeutung
aus: »Malchen beese« oder »Malchen sehr beese«.

VERWUNDE(R)T

An Heinrich Mann berichtete Tucholsky von seinem
Ausflug in die Pyrenäen, er sei in einer bösen
Waldschlucht glorios aufgeschlagen – mit dem
Schienbein. Deshalb musste er sogar operiert werden,
und zwar ausgerechnet im Wallfahrtsort Lourdes. Doch
sein Fall blieb, wie er betonte, »ohne Wunder«.

DER REISEGOTT

Z war verschwieg Tucholsky den Lesern seines Pyrenäenbuchs die Mitreise von Mary, einen anderen Kameraden würdigte er dagegen umso mehr. Gefunden hatte er ihn in einem Schaufenster in einer südfranzösischen Stadt. Über seinen neuen Freund berichtete er: »Er hatte es mir gleich mitgeteilt, dass er Zippi heiße, Glück bringe und von Beruf Reisegott sei.«

Ein Reisegott konnte auf so einer Tour nicht schaden, aber er hielt Tucholsky ordentlich auf Trab: »Ich blies den ganzen Tag Zippi auf.« Denn Zippi war nichts anderes als eine kleine aufblasbare Gummifigur, wie sie damals als Kinderspielzeug beliebt war. Hellgelb gefärbt, ein rätselhaftes Lächeln und ein spitzer roter Hut auf dem Kopf – das war Zippi, der sich entleert erfreulich platzsparend im Koffer ausmachte. Selbst im Zug durfte er manchmal ins Freie und sich mit Luft füllen, doch die Reaktionen der Damen auf ihn waren unterschiedlich: Junge Frauen hielten ihn »für eine höchst dämliche Art der Anknüpfung«, die älteren Semester hingegen entwickelten mütterliche Zuneigung für den possierlichen Kerl. Zippi überstand sogar die Attacke einer Katze, aus deren Klauen Tucholsky ihn mühselig befreite. Heute kann man ihn – durch die Zeit reichlich ramponiert – im Tucholsky-Archiv begutachten.

UNGERECHTIGKEIT

Thomas Mann war für Tucholsky zunächst ein Autor von Format, die »Buddenbrooks« ein beeindruckendes Werk, doch mit den Jahren kühlte die Bewunderung ab. Seine Landsleute aber goutierten das Werk des Maestros ungebrochen. Und so echauffierte sich Tucholsky noch 1935, dass die Schweiz kaum jemandem Asyl gewährte, wohl aber Thomas Mann, nur weil der Nobelpreisträger sei. Seinem Ärger machte Tucholsky aber schon 1925 Luft: »Es ist außerordentlich typisch, dass die Deutschen auf jeden hereinfallen, der ihnen etwas zum Denken vorwirft. Dann haben sie keine Zeit mehr, sehen nicht auf, knabbern und fressen das Denkfutter und grübeln … Ich kann so ein Zeug überhaupt nicht lesen.«

MAN KANN NICHT JEDEN MÖGEN

Mitte der zwanziger Jahre befand sich Tucholsky auf dem Gipfel seiner Popularität, auch wenn der Wind von rechts immer stärker wurde. So traf er die bedeutendsten Kunstschaffenden seiner Zeit. Im Januar 1927 berichtete er von einer Zusammenkunft mit Bertolt Brecht, Walter Mehring und Carl Zuckmayer, der damals Dramaturg war. Tucholsky allerdings hatte den Eindruck, dass Mehring und Zuckmayer seine Anwesenheit alles andere als recht war, im Gegenteil. Zuckmayer kam Tucholsky sogar frech, worauf Tucholsky ihm derart über den Mund fuhr, dass Zuckmayer die Versammlung ohne Verabschiedung verließ. Tucholskys Kommentar: »Es war sehr schön.«

WUNSCH UND WIRKLICHKEIT

Als er in Paris weilte, erhielt Tucholsky einmal einen Leserbrief von einer Dame aus der tiefsten Provinz. Sie ließ ihn wissen: »Geben Sie Ihr Bild nicht in die Bücherkataloge – Sie sind rundlich, und wir haben uns Sie immer schlank und sehnig vorgestellt!«

IMMER WIEDER GUSSY

Beim Blättern in alten *Weltbühne*-Ausgaben überflog er auch seine eigenen Arbeiten, und ihm fiel auf, dass es im Grunde keine Damenbekanntschaft gab, die nicht in einem Artikel aufgetaucht wäre. Jacobsohn ließ ihm den Spaß, doch irgendwo hat auch der verständigste Redakteur eine Schmerzgrenze: Wenn Gussy Holl öfter als viermal im Monat persönlich, verkleidet oder zitiert auftauchte, weinte Jacobsohn leise vor sich hin.

THEATERZETTEL

Als leidenschaftlicher Theatergänger studierte Tucholsky stets aufmerksam den Theaterzettel und fand mit fortschreitendem Alter bald Grund, sich zu echauffieren. Hatte es in seiner Jugend genügt, den Regisseur zu nennen, fand sich nun eine Flut von Beteiligten für allerhand kleine und undefinierbare Aufgaben. Er resümierte: »Wir Schreiber sind die Dummen. Da setzen wir einfach unsern Namen unter unsre Arbeit – einen einzigen, kümmerlichen Namen. Ich schlage vor, in Zukunft folgendermaßen zu verfahren:

›**Der Namensfimmel**‹
von Ignaz Wrobel
Interpunktion: Thomas Mann
Fremdwörter: Hans Reimann
Druckfehler: Reinhold Wulle
Künstlerische Oberleitung: S. J.«

LEBEN, UM ZU ARBEITEN

Zwölf Stunden am Tag an der Schreibmaschine waren keine Seltenheit für Tucholsky, bestenfalls schaffte er es noch kurz auf die Straße, um wenigstens etwas zu essen zu besorgen. So sagte denn Mary, befragt nach dem Tagesablauf des Schriftstellers in Paris, resigniert: »Tucholsky hat *nur* gearbeitet.«

DAS BEUTELTIER

Es ging Tucholsky mit Mary wie mit all seinen Frauen: Er konnte nicht mit ihr, aber auch nicht ohne sie. War sie weg, schrieb er ihr leidenschaftliche Briefe, waren sie beieinander, floh er schnell wieder vor Alltag und zu großer Nähe. Zeitweilig löste er sein Dilemma, indem er Mary zum »Beuteltier« erklärte, das überallhin mitgenommen wurde, ohne dass Mary ihn wirklich begleitet hätte.

WETTERFÜHLIG

Schon in den zwanziger Jahren klagte Kurt Tucholsky gegenüber Freunden und Liebschaften immer wieder über Wetterfühligkeit und ständige Krankheitssymptome in Hals und Nase. Die zeitübliche Therapie lautete: Inhalieren, Rotlicht, an die Riviera fahren. Nicht wenige der unfreiwilligen Zuhörer vermuteten hinter Tucholskys Lamentieren Simulantentum und psychische Ursachen. Zur Linderung suchte er den bekannten Berliner HNO-Arzt Friedmann auf, der viele Sänger und Schauspieler betreute. Doch der warf ihn nach einigem Hin und Her direkt raus: »Ich kann Ihnen wirklich nicht helfen, Ihnen fehlt ja nichts!«

EINER WIE KEINER

Am 3. Dezember 1926 starb sein Freund und Mentor Siegfried Jacobsohn, Begründer und Herz der *Weltbühne*, an einem epileptischen Anfall. Tucholsky erklärte sich bereit, die Leitung der *Weltbühne* zu übernehmen, aber die Arbeit als »Oberschriftleitungsherausgeber« behagte ihm nicht. Sein Nachfolger wurde alsbald Carl von Ossietzky – eigentlich noch ein Neuling in der Redaktion, doch er machte seine Sache gut und wurde zu einem der wichtigsten Publizisten der Weimarer Republik. Tucholsky aber wurde mit ihm lange nicht warm, fand ihn spröde, faul, und wähnte den baldigen Untergang des Blattes herandämmern. Dabei hatte Ossietzky nur einen einzigen Fehler: Er war nicht Siegfried Jacobsohn.

EINER WIE KEINER

Als Willi Fehse, der später als Erzähler und Herausgeber bekannt wurde, vor Tucholsky die Idee für einen Artikel entwickelte, sagte der schließlich, »Gut, das werden wir bringen.«

»Und wie viel darf ich schreiben?«, fragte Fehse. Daraufhin Tucholsky: »Die Hälfte!«

FAMILIENFRIEDEN

Mit seiner Familie konnte sich Tucholsky auch über die Jahre nicht aussöhnen, im Gegenteil. Bruder Fritz sollte ihn 1927 bei der Wohnungssuche unterstützen und bekam Geld für eine Annonce, worauf Tucholsky feststellen musste, dass er das Geld genommen und sich unverrichteter Dinge vorerst aus dem Staub gemacht hatte – dabei war Tucholsky noch so großzügig gewesen, Fritz auch etwas für dessen Wohnung zuzuschießen. Nicht weniger gut war er zur selben Zeit auf seine Mutter zu sprechen: »Das Mütterchen schickt alle Sonntag ein gebratenes Filet und belästigt mich dauernd telefonisch.«

ECHTE WERTSCHÄTZUNG

Selbst an seinen produktivsten Tagen überkam ihn nach Stunden an der Schreibmaschine voller Hochgefühl plötzlich die Befürchtung, es sei alles nichts und gehöre sämtlich aus dem Fenster geschmissen. Ihn plagte dann das Gefühl, seine eigenen Arbeiten überhaupt nicht beurteilen zu können. Deshalb bat er Mary, seine neuen Texte gegenzulesen und offen auszusprechen, wenn sie etwas zu gewollt witzig oder geschmäcklerisch finde, und immer zu schreiben, wenn sie etwas nicht verstehe. Denn, so schloss er seine Bitte süffisant: »Auch Voltaire pflegte seiner Magd vorzulesen ...«

EIN NEUER TON

Von James Joyces »Ulysses« beeindruckt, schrieb Tucholsky: »Hier ist entweder ein Mord geschehen oder eine Leiche fotografiert ... Es ist wie Liebigs Fleischextrakt. Man kann es nicht essen. Aber es werden noch viele Suppen damit zubereitet werden.«

DER BELLENDE TEUFEL

Bei der Arbeit schätzte Tucholsky nichts mehr als die Ruhe. Doch nicht nur in Paris musste er sich mit Lärm in der Nachbarschaft herumschlagen: »Ich möchte einmal da leben, wo es kein Hundegebell und kein Klavierspiel gibt. Auf jedem Quadratmeter menschlicher Niederlassung schlägt ein Achtel menschliches Wesen auf ein Klavier, macht: ein Stück auf acht Quadratmeter ... Und der brennende Ehrgeiz rast auf den Tasten, dreihundertmal dasselbe, es wird nicht besser und wird nicht besser, es soll aber besser werden. Ich bin versucht, der Dame ein Pfefferkuchenversehen durch das stets geöffnete Fenster zu schleudern:

Zwei Mädchen spielten am Klavier.

Da sagt die eine: ›Denke dir,

was ich nicht alles spielen kann.‹

Die andre nahm sich einen Mann.«

Doch die erste spielt lieber noch ein paar Tonleitern, und weil Duette schöner sind, bellt eben immer noch ein

Hund dazu, was Tucholsky zu der finalen Erkenntnis führte: »Ausschlaggebend ist aber das Bellen des Hundes: die absolut verneinende Ausdrucksbewegung. Sie beweist, dass der Hund ein Symbol des Verbrechers ist. Goethe hat dies, wenn es ihm vielleicht auch nicht ganz klar geworden ist, doch sehr deutlich empfunden. Der Teufel wählt bei ihm den Leib des Hundes.«

INS BETT GEQUATSCHT

In Berlin begegnete Tucholsky 1927 Lisa Matthias. Wie er hatte sie zwei gescheiterte Ehen hinter sich, verdiente ihr eigenes Geld und war auch ansonsten unabhängig und keineswegs gewillt, sich Hals über Kopf in eine Liebesbeziehung zu stürzen. Es bedurfte einiger Theaterabende und langer Gespräche, ehe sie ihn erhörte. Tucholsky konstatierte: »Dich quatscht man sich ins Bett.«

LIEBE UND HASS

Zu Beginn des Jahres 1928 druckte die *Vossische Zeitung* im Rahmen einer Reihe ein »Bekenntnis« Tucholskys, das wohl so manche Neugier befriedigte und eine Flut wohlwollender Leserzuschriften nach sich zog. Tucholsky fasste sich selbst zusammen: »Kurt

Tucholsky hasst: das Militär, die Vereinsmeierei, Rosen-
kohl, den Mann, der immer in der Bahn die Zeitung mit-
liest, Lärm und Geräusch, ›Deutschland‹. Er liebt: Knut
Hamsun, jeden tapfern Friedenssoldaten, schön gespitz-
te Bleistifte, Kampf, die Haarfarbe der Frau, die er gerade liebt, Deutschland.«

NICHT VOM GLEICHEN SCHLAG

Als Mary schließlich dahinter kam, dass Tucholsky
seiner Exfrau Else Weil wieder schrieb und auch
andere Frauen beehrte, tat sich ein tiefer Graben
zwischen den Eheleuten auf: Sie wollte die Dinge offen
klären, wenn sie auch die Form des Briefes wählte statt
der unmittelbaren Konfrontation, er leugnete, verheim-
lichte, hielt sie auf Distanz. Die Lage fasste Tuchols-
ky-Biograf Fritz J. Raddatz treffend zusammen: »Sie war
gerade, Kurt Tucholsky war krumm.«

KEINE FRAUEN AM MEER

Die Ostsee war Tucholskys große Liebe, ob nun von
der deutschen oder der schwedischen Seite her,
also von der Heimat seiner Kindheit und der seiner
späten Tage, und so konstatierte er 1928: »Die Ostsee
plätschert, ich guck gar nicht hin. Denn wir sind verhei-

ratet, seit zig Jahren – wir kennen uns, lieben uns, haben uns ganz leicht über, gehen mitunter ein bisschen aus-einander, betrügen uns (ich sie mit der Nordsee, sie mich mit der Literatur auf Hiddensee). Manchmal wohnen da Menschen, aber es sind hierorts nicht viel; das Badepu-blikum setzt sich aus 6 (sechs) Häuptern zusammen. Meinst du, es wäre eine hübsche Frau dabei? Keine ist dabei. Aber so ist es immer.«

TALENTFREI

Als sich Lisa Matthias beschwerte, Tucholsky ver-bringe zu wenig Zeit mit ihr und zu viel in Paris bei Mary, die er nach Möglichkeit nicht mit seinen Affären belasten wollte, regte sie an: »Warum sollte ein Mann nicht zwei Frauen lieben? Es kommt ja nur darauf an, dass er es klug anstellt oder dass die Frauen einver-standen sind.«

Darauf wehrte Tucholsky ab: »Ich habe viel weniger Talent zum Doppelleben, als du denkst.« Und einige Mo-nate später bekannte er in einem Feuilleton: »Bei mir wissen immer alle meine Bräute von einander, weil ich ein feiner Psychologe bin … und so liegen denn Briefe, Bilder und was so ist, inmitten der Landschaft herum, und nachher verfluche ich meinen sträflichen Leicht-sinn.«

DIE MILCH MACHT'S

Im Gewand des Peter Panter verfasste Tucholsky im Feuilleton der *Vossischen Zeitung* einen echten Klassiker: Das Familienbild »Wo kommen die Löcher im Käse her?«, in dem diese harmlose Nachfrage des Filius in einem juristischen Nachspiel endet. Der Text wurde zwar von einigen Kollegen für albern befunden, doch das Publikum liebte ihn, und bald kannte man ihn von Prag bis Korsika. Sogar eine Schallplatten-Aufnahme entstand. Und Kollege Walter Mehring ließ sich zu einer eigens erdachten Satire für die *Weltbühne* inspirieren: Er verfasste ein Protestschreiben des »Fachblatts« *Die Molke* gegen Tucholskys Ergüsse, die die Belange der deutschen Käseindustrie schädigen und »das Ansehen der deutschen Familie in einem traurigen Licht« erscheinen lassen würden.

ZWEI FRAUEN

Als Mary im November 1928, vielfach betrogen und zunehmend alleingelassen, endgültig Abschied von ihrer Ehe nahm, schrieb sie Tucholsky einen Brief, den er bis zu seinem Tod immer bei sich tragen würde: »Lieber Nungo, immer wieder setzt sich einer seit elf Jahren in den Zug und fährt fort, und immer wieder blutete es von Neuem ... Aber es war zu groß u. zu schön, als es anfing, um es hässlich enden zu lassen.

Kommt, wenn braucht und ruft – ist der rote Faden. Seine Meli.«

Ihre Rivalin Lisa Matthias konstatierte nur knapp und triumphierend: »madame T… weg.«

SPENDABLER KAVALIER

Lisa Matthias, die als »Lottchen« in seinen Texten verewigt werden sollte, hatte Zweifel, wie ernst sie die Beziehung zum immer noch nicht geschiedenen Tucholsky werden lassen sollte. Sie fürchtete eine »leicht verbrannte Herzspitze«. Aber Tucholsky hatte eben auch seine Vorzüge. Von einem Tête-à-tête berichtete sie: »Es ist wirklich für mich sehr nett gewesen, so viel auszugehen. Wir haben sehr viel Geld ausgegeben, und er war durchaus nobel. Zum Abschied habe ich mir hundert Mark schenken lassen und mir davon eine moderne Reisetasche und ein Reisegrammofon gekauft. Vorher hatte er mir noch eine kleine Schildplattrose geschenkt.«

RÄTSELFIEBER

Als Tucholsky während einer Kur in einem Sanatorium, das auch psychisch Kranke beherbergte, die Langeweile plagte, entdeckte er beim Bademeister ein Kreuzworträtselheft und erbat es höflichst als

Leihgabe. Der Bademeister gewährte sie dem Patienten, und Tucholsky begab sich schnurstracks auf sein Zimmer und spitzte den Bleistift. Nun stellte er aber fest, dass es mit seiner Kreuzworträtselbildung nicht weit her war: Er wusste nicht, was eine Ephenide ist, und verwechselte stets Phänomenologie und Pharmazeutik – kurz: Es war ein Jammer.

Doch unverdrossen füllte er ein Rätsel nach dem anderen, so vollständig es eben ging, und der eifrige Bademeister schleppte in der Hoffnung auf ein üppiges Trinkgeld neue Rätselhefte an – allerdings immer nur die geraden Nummern, so dass Tucholsky nie die Auflösungen zu seinen Rätseln zu sehen bekam.

Als er schließlich alle Zeitschriften bewältigt hatte, waren nur fünf Kreuzworträtsel tatsächlich vollständig gelöst. Dieser Tatbestand quälte Tucholsky ungemein, doch es wollte ihm nicht in den Sinn kommen: Berggipfel in den Seealpen. Wo zum Teufel liegen denn die Seealpen? Da verfiel er auf einen anderen Lösungsweg; den des schönen Klangs. So wurde der Gipfel zum Kikam, eine Hauptstadt Europas Lebsch und ein Raubtier zum Mogelvogel. Auf diese Art und Weise löste Tucholsky 22 Kreuzworträtsel an einem Abend und erlernte eine neue Sprache: die Kreuzworträtselsprache, die er fortan bei sich trug, um Vokabeln zu pauken. Natürlich nur im Stillen – hätte er sie laut geäußert, hätte man ihn wohl nie mehr aus dem Sanatorium entlassen.

SYMPTOME

Bücher zu rezensieren gehörte, quantitativ betrachtet, zu Tucholskys wichtigsten Aufgabenbereichen. 1929 lagen die Memoiren von Margarethe Ludendorff auf seinem Tisch, erste Frau des Weltkriegsgenerals. Die Besprechung war ihm peinlich, auch wenn es schließlich nicht die Frau war, die einen Krieg verloren hatte: »Peinlich deshalb, weil es schrecklich ist, einen Krebskranken die Symptome seiner Krankheit erzählen zu hören, die er für Gott weiß was hält – nur nicht für tödlich.«

DAS ELEND DER RASUR

Wenn Tucholsky und Lottchen zusammen waren, blieb ihm wenig Gelegenheit, sich zu Wort zu melden, denn ihr entströmte ein unaufhaltsamer Schwall von Worten, der nicht immer die logische Ordnung einhielt. Als sie ihm wieder ihr Leid klagte – das finanzielle, das nachbarliche, das automobile und dergleichen mehr –, warf Tucholsky in einer Atempause ein: »Die Frauen haben es ja von Zeit zu Zeit auch nicht leicht. Wir Männer aber müssen uns rasieren!«

HUNDE UND KATZEN

Aus Deutschland kannte es Tucholsky, dass Hunde und Katzen einander spinnefeind waren und eine Begegnung nicht ohne Fauchen und Zähnefletschen abging. In Paris hingegen erlebte er, dass sie sich friedlich nebeneinander sonnten und einander nicht weiter beachteten. Manchmal gingen sie aneinander vorbei und begrüßten sich wie alte Bekannte. Erfreut stellte er fest: Alles eine Frage der frühen Gewöhnung. Wo in Deutschland die Leute ihre Hunde schon als Welpen aus Vergnügen auf die Katzen hetzen, sind sie in Frankreich zum Frieden erzogen. Der Frieden als Selbstverständlichkeit! Warum das wohl bei ihnen ginge, aber bei den Menschen nicht? »Aber freilich: Die unvernünftigen Tiere haben keine Fahnen, keine Stahlhelme, keine Telefongenerale, keine Pfaffen, die zum Schlachtfest die Ware segnen, dass sie gut faule; keine Privatdozenten, die den Krieg sittlich fundieren, und keine Heldenmütter, die ihre Kinder für das Schussfeld eines MG aufziehen.«

GESINNUNG VON DER STANGE

Tucholsky unterstützte die Arbeiterbewegung nach Kräften, trat honorarfrei bei Veranstaltungen auf und genehmigte kostenlose Nachdrucke seiner Texte in den Zeitschriften der Roten Hilfe und der Bezirkspresse der KPD. Trotzdem musste er auch von links immer wieder Schelte einstecken, beispielsweise in der Glosse »Das Elend des Peter Panter«, die Hanns Eisler im Herbst 1928 in der *Roten Fahne* veröffentlichte. Eisler monierte, dass Tucholsky neben politischen Themen auch ganz harmlos-bürgerliche behandelte, gerade eben hatte er für die *Vossische Zeitung* ein Feuilleton über eine Hotelspeisekarte verfasst. Eisler schimpfte, die radikale linke Gesinnung sei nur aufgesetzt, eigentlich die bürgerliche Gemütlichkeit das Entscheidende.

Tucholsky wehrte sich auf seine Weise, natürlich publizistisch: »Auch die Kommunisten leben in einer kapitalistischen Welt; ein kommunistischer Steward ist sehr wohl denkbar und braucht keine lächerliche Figur zu sein. Ganz abgesehen davon, dass ja die meisten kommunistischen Arbeiter bei einem Kapitalisten arbeiten und durch einen Kapitalisten leben, wird man im Allgemeinen diese Konstatierung der Diskrepanz von Leben und Schaffen meist von verkrachten Literaten und nur sehr selten von Proletariern hören. ›Er trägt einen Anzug nach Maß‹ – dieser Vorwurf ist auf keinem proletarischen Gehirn gewachsen, sondern bei schlechten Feuilletonredakteuren, die der kommunistischen Sache mehr schaden als alle Scheidemänner zusammen. Besser ein Anzug nach Maß als eine Gesinnung von der Stange.«

SELBSTEINSCHÄTZUNG

In einer *Weltbühnen*-Ausgabe des Jahres 1929 stellte Tucholsky klar: »Alle Kritiker vergleichen uns ausnahmslos mit Heine. Das stimmt, für die Art – das stimmt gar nicht, im Größenverhältnis. Es ist nicht einmal ein Kompliment, es ist einfach ein Zeichen literarischer Unbildung. Herr Kästner und Herr Tiger sind Talente. Heinrich Heine aber ist ein Jahrhundertkerl gewesen.«

ERFOLGSREZEPT

Im Jahr 1929 sah sich Tucholsky bemüßigt, ein Rezept für ein Erfolgsbuch auszustellen. Wichtig sei natürlich eine angemessene Dicke, eine Handlung in der nicht allzu fernen Vergangenheit, ohne festen Standpunkt, dafür mit schön schwarz-weiß-eindeutigen Charakteren, und reißerische Szenen dürften auch nicht fehlen. Den wichtigsten Punkt aber notierte er unter sechstens: »Verwende vierzehn Tage auf die Niederschrift des Buches; zwei Monate auf die Erfindung des Titels.« Oder, anders formuliert: »Früher fragte man, wie eine Medizin wirke, heute, wie sie verpackt sei. Ein Königreich für einen Titel!«

WER DIE BUTTER HAT ...

Nach einer Arbeiterverbandssitzung, auf der Tucholsky eine Rede gehalten hatte, fragte ihn ein Arbeiter um Rat, wie er seinem Arbeitgeber begegnen könne, der ihn stets mit der Bemerkung kleinhielt, er solle froh sein, dass er Arbeit habe und dann noch in so einer angesehenen Firma.

Tucholsky wunderte dieses Gehabe nicht, und er riet dem Arbeiter, sich zu wehren, denn er wusste: »Es ist wie im Kriege: Wer die Butter hat, wird frech«, und wer bei der Festsetzung von Arbeit und Lohn mit Ehre und sittlichen Pflichten argumentiert, der will ganz sicher mogeln.

ZWEITE KARRIERE

Regelmäßig rezensierte Tucholsky für die *Weltbühne* Bücher unter der Rubrik »Auf meinem Nachttisch«. Besonders gut gefielen ihm die Bücher des Malik-Verlages, für deren Covergestaltung John Heartfield verantwortlich war. Tucholskys gewann ihn dann auch bald für die Illustrierung seines Buches »Deutschland, Deutschland über alles«. Er schwärmte: »Eine seiner Fotomontagen habe ich mir rahmen lassen, und aufheben möchte man beinah alles.« Diese Begeisterung führte er zu der Selbsterkenntnis: »Wenn ich nicht Peter Panter wäre, möchte ich Buchumschlag im Malik-Verlag sein.«

FINANZCHAOS

Das Geld war zwischen Lottchen und Tucholsky ein ständiges Streitthema. Sie lebte über ihre Verhältnisse, und eine Zeitlang machte Tucholsky hin und wieder Kassensturz, um Lottchen »zu sanieren«. Dabei offenbarte sich in der Regel ein unsortiertes Zettelkonvolut, in dem sie nicht durchsah. Also sortierte er: 65 Mark von Freundin Käte gepumpt, 110 nicht vorhandene Mark für Kinderkleidung ausgegeben, 92 Mark Schulden bei der Bank, und so weiter. Mancher Posten war ihm neu: »Weßhofen, 54 Mark. Was ist das?« – »Das ist das, wo ich dir neulich gesagt habe!« – »Davon hast du nichts gesagt!« – »Davon habe ich nichts gesagt? Das ist ja großartig! Ich habe nur nicht 54 gesagt, damit du nicht sonen Schreck kriegst ... ich habe nur einen Teil zugegeben.« – »Wie viel?« – »Drei Mark fünfzig. Das hat man davon, wenn man Rücksicht nimmt!«

POLITISCHE ANALYSE

Angesichts des hilflosen Taktierens der SPD ließ Tucholsky resigniert verlauten: »Es ist ein Unglück, dass die SPD Sozialdemokratische Partei Deutschlands heißt. Hieße sie seit dem 1. August 1914 ›Reformistische Partei des kleinern Übels‹ oder ›Hier können Familien Kaffee kochen‹ oder so etwas –: vielen Arbeitern hätte der neue Name die Augen geöffnet ...«

KEINE LIEBESGESCHICHTE

Verleger Ernst Rowohlt äußerte die Bitte, Tucholsky möge doch einmal wieder eine Liebesgeschichte aus seiner Feder fließen lassen. Denn immer wieder höre er von seinen Sortimentern, wie gern die Leute so etwas lesen. Doch diesem Wunsch konnte Tucholsky nicht entsprechen, denn erstens wolle er nicht über privaten Kram schreiben, zweitens erlebe er nie etwas Romantisches, weil er noch jede Frau mit seiner Schreibmaschine betrogen habe, und drittens: »Fantasie haben doch nur die Geschäftsleute, wenn sie nicht zahlen können.«

RECHT ODER UNRECHT

Kurt Tucholsky behauptete einmal, Frauen könnten keinen Brief ohne PS schreiben. Schon am nächsten Tag erhielt er von Lisa Matthias einen energischen Brief, der mit den Worten schloss: »Ich hoffe, Du bist nun überzeugt, dass wir Frauen durchaus anders sind, als Du glaubst. Hier ist: der Beweis! Dein Lottchen.«

Darunter stand:

»PS. Wer hat nun recht, Du oder ich?«

DEUTSCHLAND, DEUTSCHLAND

Im August 1929 erschien Tucholskys bisher radikalstes Buch: »Deutschland, Deutschland über alles«. Die Entrüstung war groß. Selbst Freunde empörten sich über seine messerscharfe, bittere Abrechnung mit dem »verfluchten Rotzland«. So warf ihm der Theaterkritiker Herbert Ihering vor, er würde immer wieder auf dieselben Themen losschlagen, während er selber in Frankreich oder Schweden in sicherer Entfernung säße. Doch Tucholsky konterte: »Wenn ich immer dasselbe schreibe, so tue ich das bewusst. Es ist vielleicht langweilig, Jahr um Jahr Salvarsankuren zu machen; Kamillentee wäre vielleicht abwechslungsreicher – aber man muss das wohl. Auch die Spirochtäten bleiben ewig dieselben.« Und an seinen Freund Walter Hasenclever schrieb er noch 1933, sein Buch sei immer noch »schwach. Und viel zu milde.«

DER FEIGE BÖRSENVEREIN

Die Verkaufszahlen von »Deutschland, Deutschland über alles« schraubten sich trotz oder gerade wegen der heftigen Kontroverse schon im ersten Jahr auf die Höhe von 50 000 Exemplaren. Daran konnte selbst der mächtige Dachverband der Verlage, der Börsenverein des Deutschen Buchhandels, nichts ändern. Er hatte versucht, die Auslieferung zu sabotieren, indem er den Verlag schon vorher wissen ließ, es liege ein »Einspruch« wegen Verächtlichmachung der Nationalhymne vor. Diese Posse machte bald die Runde und wurde unter anderem in der kommunistischen *Hamburger Volkszeitung* kommentiert: »Es gibt leider keine Fotografie vom Vorstand dieses Vereins, sie hätte sonst unbedingt in das Buch von Tucholsky und Heartfield hineingehört.«

PRAKTISCHE FRAGEN

Ob er wohl sterben könne, wenn es soweit ist?, fragte sich Tucholsky mit gerade einmal 39 Jahren. Er meinte es ganz praktisch: Richtig niesen habe er lange nicht gekonnt, und aufstoßen habe ihm erst sein Freund Karlchen in der Armee beigebracht, da sei er schon 28 Jahre alt gewesen. Er hatte auch schon Menschen sterben sehen; bei einer Hinrichtung und auch auf dem Krankenbette; immer schien die Durchführung den Betroffenen sehr schwer gefallen zu sein.

»Keine Sorge, guter Mann. Es wird sich auf Sie herabsenken, das Schwere – Sie haben eine falsche Vorstellung vom Tode …«, erwiderte sein Gesprächspartner.

Was denn, sprach der aus Erfahrung? Aber vielleicht, dachte sich Tucholsky, werde es doch nicht so schwer werden. Ein Arzt würde ihm helfen, und wenn er nicht allzu große Schmerzen hätte, könnte er sogar verlegen lächeln und sagen: »Bitte, entschuldigen Sie, es ist das erste Mal …«

DAS KIND IM MANNE

Ernsthaftigkeit bei der Arbeit – das war etwas, das Tucholsky bei Frauen beobachtete. Bei Männern sei mehr Pose dabei, stets stecke Spiel hinter dem vermeintlichen Ernst. Und warum?

Weil die Männer nicht genug mit ihrer Eisenbahn spielen durften, sondern Griechisch und Geschichte lernen mussten; sie schleppen nun als Erwachsene dieses Defizit beständig mit sich herum. Da hilft kein Brückenbaukasten, kein Neffe, nicht einmal die Organisation einer Kommunalbehörde, da hilft nur, es nicht so schwer zu nehmen, wenn die Liebste auf die Beichte hin, in jedem Manne stecke eben ein Kind, wie Tucholskys Lottchen tönt: »Kinder habe ich alleine.«

BESSERUNG IST PFLICHT

Im Sommer 1930 weilte Tucholsky einmal mehr im Sanatorium. Jeden Tag spulte sich von sieben Uhr morgens bis mittags ein immenses Programm ab: Erst kam der Turnlehrer, dann die Wiegeschwester, hernach der Bademeister, gefolgt vom Masseur, schließlich der Assistenzarzt und zu guter Letzt die Zimmerschwester. Bei so viel Betreuung fühlte sich Tucholsky erst recht krank; doch kaum mokierte er sich zart, schnauzte der gerade diensthabende Betreuer: »Was fällt Ihnen ein?! Es geht Ihnen schon viel, viel besser!«

VERHANDLUNGSSACHE

Über die Jahre kannten Tucholsky und sein Verleger einander besser als die eigenen Großmütter, und so verhandelten sie auch. In den Briefen über »Schloss Gripsholm« brachte Tucholsky die 15 Prozent honorarfreien Bücher als Verhandlungsmasse ins Spiel, die Rowohlt bisher für sich in Anspruch genommen hatte; gedacht für Rezensionsexemplare, doch so viele, meinte Tucholsky, würde Rowohlt nie und nimmer gratis versenden. Rowohlt leugnete nicht und wehklagte zugleich: »Die 15 Prozent honorarfreien Exemplare sind – also das können Sie mir wirklich glauben – meine einzige Verdienstmöglichkeit. Lieber Herr Tucholsky, wenn Sie unsre Bilanz sähen, dann wüssten Sie, dass es ein armer Verleger gar nicht leicht hat.« Schweren Herzens bot er Tucholsky eine Reduzierung auf 14 Prozent an.

Wenig beeindruckt schrieb Tucholsky zurück: »Lieber Meister Rowohlt, auf dem neuen Verlagskatalog sind Sie ganz richtig gezeichnet: Still sinnend an des Baches Rand sitzen Sie da und angeln die fetten Fische. Der Köder mit 14 Prozent honorarfreier Exemplare ist nicht fett genug – 12 sind auch ganz schön. Denken Sie mal ein bisschen darüber nach und geben Sie Ihrem harten Verlegerherzen einen Stoß. Bei 14 Prozent fällt mir bestimmt nichts ein – ich dichte erst ab 12 Prozent.«

Ihm fiel dann doch noch etwas ein – und der Rowohltverlag überlebte das teure Angelvergnügen. Vielleicht, weil Tucholsky den Briefwechsel, der den Auftakt zu »Schloss Gripsholm« bildet, nur erfunden hat.

GANZ NACKT

Als Redner war Tucholsky geübt, und doch schlotterten ihm vor jedem Auftritt die Knie. Einmal fragte ihn der Veranstalter, warum er denn so nervös sei. Darauf sagte Tucholsky: »Ein Podium ist eine unbarmherzige Sache – da steht der Mensch nackter als im Sonnenbad.«

ANSICHTSSACHE

Über Schloss Gripsholm, wo er einen glücklichen Sommer mit seinem »Lottchen« – die im Buch unter Zusammenschluss mit einigen anderen Vertretern der holden Weiblichkeit zu »Lydia« wurde – verbrachte, schrieb Tucholsky: »Ich weiß nichts vom Stil dieses Schlosses – ich weiß nur: wenn ich mir eins baute, so eins baute ich mir.«

Doch Lottchen erinnerte sich genauer: »Aber wir haben ja gar nicht im Schloss gewohnt! Erstens haben wir nur im Kavaliersflügel, im neuen Anbau, wohnen wollen. Wollen! Doch die Zimmer dort waren ja viel zu ungemütlich hoch. Und dann der Lärm der Sonntagstouristen! Tucholsky konnte doch keinen Lärm vertragen. Und zweitens haben wir uns da drüben in seinem Häuschen am Bahnhof von Mariefred eingemietet.«

Von wegen Schlossidylle.

VERWIRRSPIEL

Unterwegs nach Schweden machen Lydia und ihr Begleiter »Daddy« in »Schloss Gripsholm« Station in Kopenhagen, und Daddy besteht darauf, eine bestimmte Sehenswürdigkeit keinesfalls zu verpassen: das Polysandrion – »Da haben sich zwei Balten ein Haus gebaut. Und der eine, Polysander von Kuckers zu Tiesenhausen, ein baltischer Baron, vermeint, malen zu können.« Das könne er zwar nicht, doch halte es ihn nicht ab, seine Jugendträume immer und immer wieder zu verewigen: Jünglinge, denen Schmetterlinge auf dem blanken Popo sitzen.

Wie viele glühende Leser über die Jahre auf den Spuren des Paares durch Kopenhagen gezogen sind, um das mysteriöse Museum zu finden, ist schwer zu sagen. Erst achtzig Jahre nach der Veröffentlichung konnte das Geheimnis gelüftet werden – mithilfe Tucholskys Formulierung, die kleine Villa »war nicht schön und passte auch gar nicht in den Norden; man hätte sie viel eher im Süden, in Oberitalien oder dortherum vermutet«. Tatsächlich steht sie im Tessin, wo Lisa Matthias ein Ferienhaus unterhielt, heißt in Wahrheit »Sanctuarium Artis Elisarion« und wurde von zwei Balten gebaut: dem Maler Elisar von Kupffer und seinem Lebensgefährten. Warum Tucholsky das Haus, das er mindestens zweimal besucht hat, nach Kopenhagen verpflanzte? Dieser Frage dürfen sich die Leser der nächsten achtzig Jahre widmen.

DER KLEINE UNTERSCHIED

Bei Lottchen gewann Tucholsky nicht selten den Eindruck, seine Herzensgutheit und reine Liebe würden perfide missverstanden. So behauptete Lottchen zum Beispiel, er sage zu jeder Frau, aber auch wirklich zu jeder, mit der er je geliebäugelt habe: »Wie schön, dass du da bist!«

Eine pfundsdicke Lüge!, empörte sich Tucholsky, manchmal sage – oder wenigstens denke – er doch wohl auch: »Wie schön, dass du da bist … und nicht hier!«

ZWEI VON EINEM SCHLAG

Treue war ein ständiges Thema zwischen Tucholsky und Lottchen. Sie wusste wohl, woran sie bei ihm war, aber auch andersherum herrschte Eifersucht. Sie leugnete jede Liebelei, ja jeden fremden Kuss, und hielt ihm stattdessen vor: »Ach Daddy! Ich bin dir so treu wie du mir. Nein, das heißt … also, ich bin dir wirklich treu! Du verliebst dich ja schon in jeden Refrain, wenn ein Frauenname drin vorkommt!«

Bei anderer Gelegenheit schrieb sie an Tucholskys Freund Karlchen: »Was Fritzchen seit neuester Zeit immer mit mir und meiner Treue hat, verstehe ich auch nicht. Ich bin doch bisher wirklich so gut wie treu gewesen!«

GEWICHTIG

Die Aufenthalte im Sanatorium empfand Tucholsky als Tortur, die ihm das Leben erst recht zuleide machte. Alles Gute war verboten: Schmalz und Gänsebutter, Zucker, Brot, Suppe, Wein und Aal, Essen nur in Vogelnäpfen. »Ich nähre mich von Luft, Musik und Liebe. Bald bin ich gar nicht mehr vorhanden, dann wiege ich minus drei Pfund und bekomme beim Weggang vom Sanatorium noch etwas heraus ...«

ZWEI VERRÜCKTE

Während seiner letzten Lebensjahre kämpfte Tucholsky beständig mit belastenden Krankheiten, die trotz zahlreicher Behandlungen und Operationen kaum Linderung fanden. In Walter Hasenclever fand er nicht nur einen kreativen Genossen – auch wenn dem gemeinsamen Bühnenstück »Christoph Kolumbus oder die Entdeckung Amerikas« kein Erfolg beschieden war –, sondern auch einen Leidensgenossen. So schrieb Hasenclever 1931 an den gemeinsamen Bekannten Kurt Wolff: In England angekommen, vorgefunden »einen kranken Tucho im Bett! Sein Krankheitszustand ist sehr ähnlich dem meinen, auch bei ihm herrscht eine ›psychische Heilstörung‹ vor. Er trägt missmutig und verdrossen sein Leiden umher, mit dem er sich ununterbrochen beschäftigt. Ein trauriges Spiegelbild meiner selbst.«

Doch mit der Leidensgenossenschaft ging auch eine heitere Arbeitsgemeinschaft einher, in der das Leid hinter die Lust am Dichten zurücktrat. So schrieb Tucholsky seinerseits an den Freund Rudolf Leonhard: »Der andere Verrückte (Hasenclever) hat ein Buch gefunden, in dem steht, alles in der Medicin sei falsch, richtig sei vielmehr das Gegenteil. Er arbeitet aber ††† großartig, ist viel beständiger als ich und schuftet wie ein Dampfesel. Schade, dass Verrückte nur selten den Ruhm der Mitwelt ernten. Necken Sie den Verrückten nicht mit seiner Medicin. Gläubige muss man nicht stören.«

Das Stück wurde zwei Mal aufgeführt und dann verboten, obwohl die Theaterleute in Leipzig wohlweislich auf die Nennung des Autors Tucholsky verzichtet hatten.

DIE KRISE MUSS WARTEN

Tucholsky, der klarsichtige Beobachter der Krisen der Weimarer Republik, wusste auch, dass so einer Krise durchaus etwas in die Quere kommen konnte: Weihnachten. Brachen die Feiertage an, musste die Krise noch ein Weilchen warten, und keiner merkte was. »Man denke sich einen Fieberkranken«, erläuterte Tucholsky seinen Lesern, »der zu seinem Arzt sagt: ›Wissen Sie was, Doktor, morgen habe ich Geburtstag. Vertagen wir die Krise bis zur nächsten Woche!‹« Dass die Republik an derlei Kurpfuschern dahinscheiden musste, verwundert nicht weiter.

DAS ENDE DER WELTBÜHNE

»Sie rüsten für die Reise ins Dritte Reich«, schrieb Tucholsky schon Jahre vor der Machtergreifung der Nazis und wusste, wohin die Fahrt ging. Er machte sich keine Illusionen darüber, dass seine Warnungen ungehört verhallten und der kritischen Publizistik das Wasser abgegraben wurde. Gegen Carl von Ossietzky wurde wegen Landesverrats und Verrats militärischer Geheimnisse ermittelt, 1931 erfolgte die Verurteilung zu 18 Monaten Haft. Auch wegen des Tucholsky-Satzes »Soldaten sind Mörder« musste sich Ossietzky verantworten. Ein Berliner Schöffengericht wies die Klage der Reichswehr allerdings zurück, da der Satz zu allgemein sei, um konkrete Personen zu beleidigen. Tucholsky hatte überlegt, zum Prozess nach Deutschland zu kommen, befürchtete aber, den Nationalsozialisten in die Hände zu fallen. »Es hat so etwas von Desertion, Ausland, im Stich lassen, der Kamerad Oss im Gefängnis«, schrieb er an Mary. Am 17. Januar 1933 brachte die *Weltbühne* den letzten Beitrag Tucholskys, in der Nacht des Reichstagsbrands wurde Ossietzky verhaftet, die letzte Nummer erschien am 7. März 1933. Für Tucholsky verbanden sich mit dem Verbot der *Weltbühne* auch Verluste anderer Art: »Der erste Brief aus Berlin ist da, des Inhalts: ›... möchte dich bitten, mir nicht auf *Weltbühnen*papier zu schreiben, damit die Leute sehn, dass unser Briefwechsel doch harmlos ist.‹ Ich kann es den Leuten nicht verdenken, verstehe alles – aber glauben Sie mir: Diktaturen verderben den Charakter.«

LETZTES DOMIZIL

Bereits 1930 hatte Tucholsky seinen Wohnsitz ins schwedische Hindås verlegt, wo er eine kleine Holzvilla mietete. Als »aufgehörten Deutschen« und »aufgehörten Dichter« bezeichnete er sich, verstummte zunehmend. 1933 schrieb er an Hasenclever: »Dass unsere Welt in Deutschland zu existieren aufgehört hat, brauche ich Ihnen wohl nicht zu sagen. Und daher: Werde ich erst amal das Maul halten. Gegen einen Ozean pfeift man nicht an.«

DAS FRÖKEN

In Hindås lernte Tucholsky Gertrude Meyer kennen. »Moneky«, »die Meyer« oder »das Fröken« nannte er die gebildete, charmante Frau, die ihm bei Behördengängen, Schreibarbeiten und im Haushalt zur Seite stand, mit ihm spazieren ging, auch auf sich nahm, mit ihrer Beziehung zu ihm gegen die Normen des Dorfes zu verstoßen – und Deutsch sprach. Die Tochter eines Kaufmanns aus Göteborg und einer deutschen Mutter hatte zwei Ausbildungsjahre in Berlin verbracht. Lange Zeit war sie mit dem Schriftsteller Kurt Kusenberg verlobt, doch über die Entfernung hielt die Liebe nicht. Nun kam noch ein Kurt aus Deutschland nach Hindås: »Bitter, wenn sie einen Liebhaber gehabt hat, der mit Vornamen so heißt wie du«, spöttelte Tucholsky.

IMMUNITÄT

Angesichts der Hetze, die die rechte Presse über Tucholsky ausschüttete, hätte man meinen können, ihre Akteure würden seine Texte meiden wie der Teufel das Weihwasser. Doch weit gefehlt. Das Düsseldorfer Naziblatt *Volksparole* beispielsweise druckte im August 1931 ein Gedicht mit dem Titel »Ortskrankenkasse«, Verfasser: Schloch. »Wahrscheinlich mit Vornamen Adolf«, wie Tucholsky in einer Glosse bemerkte. Er hatte eben dieses Gedicht zwei Monate zuvor in der *Weltbühne* veröffentlicht. Die *Weltbühne* stellte Strafanzeige, doch zu einem Verfahren kam es nicht: Das Gericht ließ wissen, der Beschuldigte sei Mitglied des Reichstags und genieße parlamentarische Immunität.

EINE STARKE FRAU

Im Sommer 1932 begegnete Tucholsky der Ärztin Hedwig Müller, die zu seiner »Nuuna« wurde. Er malte ihr ein Blatt mit all seinen Verflossenen, strich die Namen rot durch und schrieb in großen Lettern in die Mitte: »nur Nuuna!« Doch so leichtgläubig war sie nicht, zumal er ihr von heiteren Stunden berichtete, die er in Frankreich mit einer der angeblich Ehemaligen verbrachte. Sie reagierte souverän und schrieb ihm: »Du bist andrerseits ein Trottel und brauchst mir wegen Gräfinnen keine halb und halben Entschuldigungen zu schreiben.«

KLEINER STAR IN NÖTEN

Anfang der dreißiger Jahre betrat Tucholsky noch einmal neues Terrain: Hatte er die Filmbranche bisher eher mit bissigen Glossen bedacht, arbeitete er 1931 in England tatsächlich an seinem ersten eigenen Filmskript: »Seifenblasen«, eine heiter-erotische Varieté-Revue. Als es an die Umsetzung gehen sollte, 1932, war der Name Tucholsky bereits für jede Filmfirma zu einem unkalkulierbaren Risiko geworden. Immerhin entstand im selben Jahr ein Kurzfilm nach den »Löchern im Käse«. Pech hatte allerdings die Hauptperson, Tobby, »seine Majestät das Kind«, gespielt von Hans Albrecht Löhr, der bereits Erich Kästners »Emil und die Detektive« Leinwand-Leben eingehaucht hatte: Weil der Film als Vorfilm zu einem »erwachsenen« Streifen lief, durfte der kleine Hauptdarsteller das Ergebnis seiner Arbeit nicht im Kino ansehen. Er schrieb an Tucholsky: »Bitte schreiben Sie mir doch, wie ich Ihnen gefallen habe. Ich habe mich so gefreut, dass ich gerade in einem Film von Ihnen mitspielen konnte. Wenn ich nämlich Mummi frage, wie ich gespielt habe, sagt sie sicher: blöde. Nun möchte ich gerne von Ihnen die Wahrheit wissen!«

HITLER VS. GOETHE

I m Gewand des Kaspar Hausers verfasste Tucholsky 1932 eine gepfefferte Satire auf Adolf Hitler: »Hitler und Goethe«. Darin stellte er fest: »Hitler zerfällt in drei Teile: in einen legalen, in einen wirklichen und in Goebbels, welcher bei ihm die Stelle u. a. des Mundes vertritt.«

Und was hat nun Goethe mit der Sache zu tun? »Beide haben in Weimar gewohnt, beide sind Schriftsteller, und beide sind sehr um das deutsche Volk besorgt, um welches uns die andern Völker so beneiden.« Aber: »Hitler ist viel größer als Goethe – Hitler ist überhaupt der allergrößte Deutsche, denn Goethe als solcher ist hinreichend durch seine Werke belegt, Hitler als solcher aber schafft uns Brot und Freiheit, während Goethe höchstens lyrische Gedichte gemacht hat, die wir als Hitlerjugend ablehnen, während Hitler eine Millionenpartei ist. Als Beleg dient ferner, dass Goethe kein nordischer Mensch war, sondern legal nach Italien fuhr und seine Devisen ins Ausland verschob. Hitler aber bezieht überhaupt kein Einkommen, sondern die Industrie setzt dauernd zu.«

PRAGMATISMUS

Mit der Machtübernahme der Nazis versprengte es die Geschwister Tucholsky endgültig in alle Welt. Ellen hatte gegen den Willen der Mutter nach Holland geheiratet, Kurt lebte in Schweden, Fritz verlor seine Stellung im Messe- und Verkehrsamt und emigrierte über Prag nach Amerika. Finanziell stand nun beiden Männern das Wasser bis zum Hals. Kurt schrieb seinem Bruder: »Papa hat sich das wohl mit uns allen drei anders vorgestellt, aber wir werden ihm das dann später im Himmel (Abteilung T) erklären. Mach's gut!«

BÜCHERVERLEIH

Seine Bücher waren Tucholsky immer heilig. Schon seiner Herzensdame Mary im Ersten Weltkrieg seine eigenen Ausgaben nach Autz zu schicken, war ihm ein Gräuel. Wusste er denn, ob und in welchem Zustand er sie wiedersehen würde? Auch im Alter verließ ihn diese Neurose nicht – vielleicht zu Recht. Denn an Nuuna schrieb er am 10. Oktober 1934 aus dem schwedischen Hindås: »Himmelarschdonnerwetterzwirnundarsch! Kriege ich vielleicht meinen Katz wieder? Leihe nie ein Buch zum Scherz – denn es kann behalten sein.«

DER FELDWEBEL

Tucholsky fühlte sich in Hedwig Müllers Familie wohl und gab den gut gelaunten Charmeur. Er spielte Klavier und schüttelte mühelos Chansons aus dem Ärmel. Eines Abends rief er am Tisch mit Donnerstimme: »Brot! Sofort!« Mit zitternder Hand reichte man ihm das Gewünschte, worauf er sich einen imaginären Feldwebelschnurrbart glatt strich und halblaut selbstzufrieden bemerkte: »Man ist doch noch wer!«

»Vor allem«, erinnerte sich Nuunas Schwester an diese Zeit, »lachte man, bis man ganz aufgeweicht war.«

GRÖSSENWAHN

Kaum waren die Nazis an der Macht, begannen die berüchtigten Bücherverbrennungen. Auch Tucholsky zählte zu den Verteufelten. Er schrieb an Walter Hasenclever: »Ich werde nun langsam größenwahnsinnig – wenn ich zu lesen bekomme, wie ich Deutschland ruiniert habe. Seit zwanzig Jahren aber hat mich immer dasselbe geschmerzt: dass ich auch nicht einen Schutzmann von seinem Posten wegbekommen habe.«

STAATSFEIND MARY

Am 21. August 1933 ließen sich Kurt und Mary Tucholsky scheiden, um Mary vor Übergriffen zu schützen. Die Sorge war berechtigt: Schon im März durchwühlte die Gestapo ihre Wohnung, auf der Arbeit wurde sie geschnitten. Im Juni schrieb sie Tucholsky dazu ironisch: »Die Angriffe auf mich in meinem Betrieb wollen nicht aufhören, und die Leute geben sich die größte Mühe, den Staat zu retten, indem sie mich hinausgraulen.«

KONKURRENZ

Zu Besuch bei Nuuna in der Schweiz machte Tucholsky eine Entdeckung, die ihn zu einem Brief an die *Weltbühne* veranlasste: In einer Vorstadtstraße widersetzte sich ein altes Fräulein mit ihrem kleinen Laden für Socken, Damenstrümpfe und Stricksachen der Konkurrenz durch die allgegenwärtig gewordenen großen Warenhäuser. Sie hatte sich eines einfachen, aber genialen Mittels bedient: In ihrem Schaufenster hing, mit Watte umrahmt, ein Schild mit der Aufschrift: »Das können Sie auch bei mir haben!« Tucholsky war von dieser Marketingstrategie nachhaltig beeindruckt.

PERSONALSORGEN

Auf der Suche nach einer Haushaltshilfe geriet Tucholsky an eine 22-jährige Dame, die ihm eigentlich sehr gefiel. In letzter Minute sah er doch von einer Anstellung ab und schrieb an Hedwig Müller in die Schweiz: »Eine Erkundigung bei der vorherigen Herrschaft ergab denn auch, dass sie nie zu Hause ist und stets überall tanzt und so. Habe also davon abgesehen, damit nicht bei Deinem näxten Urlaub Dich vier vollmündige Kindlein begrüßen und ich an einer Gonorrhoe laboriere.«

ROMANTISCHE ZUSTÄNDE

Tucholsky stellte eine Bekannte seiner Nachbarin ein, die sich alsbald als Hausdrachen entpuppte. Folglich setzte er sie rasch wieder vor die Tür. Das jedoch wollte sie nicht auf sich sitzen lassen und reagierte mit nächtlichem Terror – Klingeln zu Unzeiten, Wurfgeschosse gegen die Fenster, bis nicht nur der ohnehin schlaflose Tucholsky, sondern auch sein neues Dienstmädchen kein Auge mehr zutun konnte. Er engagierte einen Wachmann mit Hund und erwog eine Anzeige, denn höchstpersönlich regeln wollte er die Angelegenheit nicht: »Ich kann hier nicht einschreiten, denn bei einer Prügelei oder Schlimmerem bin ich immer der Dumme.« Sein Fazit: »Hier geht es zurzeit hochromantisch zu.«

ES HAT KEINEN ZWECK MEHR

Für Tucholsky wurde es immer schwieriger, seine Briefkontakte zu pflegen. Was konnte man noch schreiben, ohne Angst zu haben, dass der Feind für die Schreiber gefährliche Informationen wie Adressen oder juristisch verwertbare Äußerungen erfuhr? Walter Hasenclever schrieb er unter dem Namen »Edgar« dazu: »Wissen Sie, in meinen Briefen steht nichts mehr drin – wenn ich das alles so lese, habe ich das Gefühl, wie nach bestandenem Abitur oder in jener Epoche, wenn wir acht Wochen vor Ostern wussten: ›Wir bleiben ja doch sitzen – nun hat es keinen Zweck mehr!‹«

EIN KOOF-MICH

Durch Zufall fielen Tucholsky 1934 ein paar Liebesbriefe des jungen Hermann Göring in die Hände, die der spätere Oberbefehlshaber der deutschen Luftwaffe im Jahr 1920 geschrieben hatte. Tucholsky fand sie bemerkenswert trostlos, im Niveau irgendwo zwischen Koof-mich, Liftboy und Rennfahrer, selbst eingedenk der Tatsache, dass wir alle in jungen Jahren und verliebt Unfug zusammenschreiben. Wirklich bemerkenswert erschien ihm jedoch etwas anderes: »Ich besinne mich nur auf einen Satz: ›Abends bin ich viel allein zu Haus und denke über das Leben nach.‹ Mit bekanntem Resultat.«

HAUSGENOSSEN

In Hindås entdeckte Tucholsky seine Liebe zu Katzen – zugänglich und unkompliziert sollten sie sein, möglichst noch ein bisschen unterhaltsam, so wie der Kater Iwan. Doch nicht immer herrschte eitel Sonnenschein zwischen den beiden Hausgenossen, wie Tucholsky Nuuna im Februar 1935 schrieb: »Iwan ist mit mir böse. Er hat einen Fisch gefressen, wo für mich war, und ich habe ihn, samt Fisch, geschüttelt. Das will er nicht. Jetzt schnurrt er nicht, wenn ich ihn streichele. Werde ihm einige Pornographica zu schenken wissen, vielleicht hilft das.«

HEISSE NÄCHTE

Gleich zweimal brannte es im Winter 1934/35 in Tucholskys Nachbarschaft lichterloh. Er kommentierte die Ereignisse auf seine eigene Weise:

Brand Nr. 1: »Präsentiere Ihnen anliegend unsere ff. letzte Sensaschuhn: das Sportsheim, wo neben mir liegt, ist heruntergebrannt. Ich aß gerade am Frühstückstisch, also war es schon sehr spät, und da bin ich herausgeloffen und habe 1 Matratze sowie diverse Tassen vom Feuertode des Ertrinkens gerettet.«

Brand Nr. 2: »Dafür, dass es hier stilles Landleben ist, ist es allerhand. Als ich Montag nachts einschlief, knallte es mächtig, und ich dachte, i, dachte ich, wer schießt denn in der Nacht, und dafür war es auch zu laut, und Feuerwerkskörper, am Montag? Und dann schlief ich ein. Eines hatte ich nicht gewusst, weil noch nie gehört: dass Fensterscheiben so knallen. Nachts um halb zwei weckte mich die alte Kinderfrau, die stets auf das Tragische aus ist. Sie plapperte von Angst, und ich verstand nur etwas von ›brennt‹ oder ›Hotel brennt‹. Es wedelte da eine große Wolke mit vielen Fünken über den Himmel. Und wenn mehr Wind gewesen wäre und selber hätte sich auch noch gedreht, und im Juni – aber nur dann –, dann wäre vielleicht hier alles abgebrannt. So aber nichts nicht. Manchmal stand der Brand wirklich wie im Bilderbuch als große Fackel da, leuchtend und gewaltig. Es war eine dicke Sache.«

FÜRS LEBEN GELERNT

Seine ungeliebte Armeezeit sollte Tucholsky tatsächlich noch einmal nützlich werden – im Frühjahr 1935 im Zwist mit seiner Haushaltshilfe auf Hindås: Als sie einmal außerplanmäßig Kaffee kochen sollte und Tucholsky nachhakte, weil alles ziemlich lange dauerte, verließ sie beleidigt das Zimmer und war zu keiner Äußerung mehr zu bewegen. Da schlug die Stunde des militärischen Tons: »Nun habe ich beim Militär wenigstens etwas gelernt: nämlich kalt brüllen. Mein Herz geht um keinen Schlag schneller, ich beleidige auch nicht, sondern ich sage Banalitäten, aber in einem Ton, wie wenn ich den andern auffressen will. Ich habe in der Küche einen Krach gemacht, dass die Uhr stehengeblieben ist. Und siehe: Seitdem ist hier eitel Butter, und sie hat sich entschuldigt, und es ist alles lind und lieb.«

DENK ICH AN DEUTSCHLAND ...

Immer wieder beteuerte Tucholsky, es gehe ihn alles nichts mehr an: die Ereignisse in Deutschland; die Bemühungen einstiger Mitstreiter, die Publizistik aus dem Ausland aufrechtzuerhalten; der Streit um innere oder äußere Emigration. Doch in seinen Briefen wurde deutlich, wie sehr ihn all das beschäftigte. Im Mai 1935 schrieb er Nuuna: »Ich bin schwer begeistert, und wenn ich jemals noch von den Toten auferstehen sollte und etwas hinschreibe, wäre es dies: Zellophan, Dynamit und Kunstseide kommen alle gemeinschaftlich vom Holzzellstoff her. Wie das ist, weiß ich nicht, denn ich kann keine Chemie – aber eine Verwandtschaft ist da. Es ist ganz himmlisch und endlich mal eine Allegorie, die gleichzeitig ein Symbol und real untermauert. Besser kann man die Zeit nicht charakterisieren.«

MITARBEIT ABGELEHNT

Tucholskys letzter großer Feind wurde der Norweger Knut Hamsun – Literaturnobelpreisträger und einst von Tucholsky hochgeschätzt. Doch Anfang der dreißiger Jahre sprach er sich für Hitler aus und verspielte damit jede Sympathie des ausgebürgerten deutschen Schriftstellers. 1935 hatte er sich verächtlich über den inhaftierten Ossietzky geäußert und bezweifelt, dass er im KZ gefoltert wurde. Das stachelte Tucholskys Kampfgeist an, dafür wollte er sein öffentliches Schweigen brechen und noch einmal seine Feder wetzen. Er bot seinen Artikel einer schwedischen und einer Schweizer Zeitung an, honorarfrei. Die Zeitungen verzichteten auf die Mitarbeit des Mannes, der einst einer der bestbezahlten und angesehensten Journalisten gewesen war.

POST AUS DEM EXIL

Am 13. November 1935 schrieb Arnold Zweig aus Haifa/Palästina an Kurt Tucholsky in Hindås/ Schweden: »Sie gehören zu den Kleinen Propheten, Tucholsky. Große Propheten, wie Marx oder Freud, beschäftigen sich nicht mit Abenteuern, wie sie uns beschieden wurden. Aber Sie dürfen sich sagen: Sie haben alles gesehen, alles gesagt, alles bekämpft. Soweit ein Schriftsteller mit sich zufrieden sein darf, dürfen Sie mit sich zufrieden sein.«

DAS SPIEL IST AUS

Im Antwortbrief, sechs Tage vor seinem Tod, formulierte Tucholsky noch einmal seine Absage an alles, was mit Deutschland und dem eigenen publizistischen Wirken zu tun hatte: »Mein Leben ist mir zu kostbar, mich unter einen Apfelbaum zu stellen und ihn zu bitten, Birnen zu produzieren. Ich nicht mehr. Ich habe mit diesem Land, dessen Sprache ich so wenig wie möglich spreche, nichts mehr zu schaffen. Möge es verrecken – möge es Russland erobern – ich bin damit fertig.« Sein bitteres Resümee: »Man muss von vorn anfangen – nicht auf diesen lächerlichen Stalin hören, der seine Leute verrät, so schön, wie es sonst nur der Papst vermag – nichts davon wird die Freiheit bringen. Von vorn, ganz von vorn. Wir werden das nicht erleben. Es gehört dazu, was die meisten Emigranten übersehen, eine Jugendkraft, die wir nicht mehr haben. Es werden neue, nach uns, kommen. So aber geht's nicht. Das Spiel ist aus.«

LETZTE GEDANKEN

Kurz vor seinem Tod notierte Tucholsky: »Wenn ich jetzt sterben müsste, würde ich sagen: ›Das war alles?‹ Und: ›Ich habe es nicht so richtig verstanden.‹ Und: ›Es war ein bisschen laut.‹«

EIN ZUHAUSE FÜR IMMER

Mit der Feder von Theobald Tiger hatte Tucholsky einst in Berliner Tagen, Mitte der zwanziger Jahre, ein Gedicht über den jüdischen Friedhof in Weißensee geschrieben:

»Da, wo ich oft gewesen bin,
zwecks Trauerei,
da kommst du hin, da komm ich hin,
wenns mal vorbei.«

Die Gewissheit über den letzten Ruheort hatte sich längst aufgelöst, als Tucholsky am 21. Dezember 1935 in Göteborg starb. In Berlin marschierten die braunen Horden. Im Sommer 1936 ließ Gertrude Meyer die Urne Tucholskys auf dem Friedhof in Mariefred bei Schloss Gripsholm beisetzen.

ZEITTAFEL

1887 Der jüdische Bankkaufmann Alex Tucholsky und seine Cousine Doris Tucholski heiraten

9. Januar 1890 Geburt von Kurt Tucholsky in Berlin-Moabit als ältestes Kind der Eheleute

1892 Umsiedlung der Familie nach Stettin

1899 Rückkehr nach Berlin, Einschulung am Französischen Gymnasium Berlin

1903 Wechsel auf das Königliche Wilhelms-Gymnasium

1905 Tod des Vaters nach langer Krankheit, vermutlich Spätfolgen der Syphilis; er hinterlässt der Familie ein beachtliches Vermögen

1907 Abgang vom Gymnasium. In der satirischen Wochenschrift *Ulk* erscheint Tucholskys erste journalistische Arbeit

1909 Externen-Abitur. Im Oktober Beginn des Jura-Studiums; das zweite Semester absolviert er in Genf. Die journalistische Arbeit intensiviert sich, vor allem für das SPD-Organ *Vorwärts*

1911 Reisen mit dem befreundeten Zeichner Kurt Szafranski; Begegnung mit Max Brod und Franz Kafka

1912 »Rheinsberg. Ein Bilderbuch für Verliebte« erscheint

1913 Tucholsky verzichtet auf das erste Jura-Staatsexamen und damit auf die Möglichkeit, als Anwalt zu praktizieren

1914 Austritt aus der jüdischen Gemeinde. Einreichung der juristischen Dissertation

1915 Im April Einzug an die Ostfront

1916 Versetzung nach Alt-Autz (Litauen). Tucholsky ruft die Feldzeitung *Der Flieger* ins Leben

1917 Begegnung mit Mary Gerold

1918 Versetzung nach Rumänien. Im Dezember übernimmt Tucholsky in Berlin die Leitung des *Ulk*; im April des folgenden Jahres legt er die Arbeit nieder

1919 Die Gedichtsammlung »Fromme Gesänge« erscheint. Tucholsky begründet den »Friedensbund der Kriegsteilnehmer« mit, für dessen Ziele er sich in zahlreichen Veranstaltungen einsetzt, und engagiert sich in der USPD

1920 Im Mai Heirat mit Else Weil. »Träumereien an preußischen Kaminen« erscheint

1923 Anstellung in einem Berliner Bankhaus, Arbeit als Privatsekretär des Seniorchefs

1924 Scheidung von Else Weil im Februar. Ausscheiden aus dem Bankhaus. Im Frühjahr Übersiedlung nach Paris. Hochzeit mit Mary Gerold im August

1926 Siegfried Jacobsohn stirbt im Dezember. Tucholsky übernimmt für einige Monate die Leitung der *Weltbühne*, übergibt sie aber bald an Carl von Ossietzky

1927 Die Reisebeschreibung »Ein Pyrenäenbuch« erscheint. Tucholsky lernt Lisa Matthias kennen

1928 Mary Gerold trennt sich von Tucholsky. Die Textsammlung »Mit 5 PS« erscheint

1929 »Deutschland, Deutschland über alles« und »Das Lächeln der Mona Lisa« erscheinen

1930 Tucholsky übersiedelt nach Hindås/Schweden

1931 Die Textsammlung »Lerne lachen, ohne zu weinen« und der Kurzroman »Schloss Gripsholm« erscheinen.

Carl von Ossietzky wird als verantwortlicher Herausgeber der *Weltbühne* wegen Spionage zu 18 Monaten Haft verurteilt. Tucholsky, der dem Prozess fernbleibt, sieht kaum noch Chancen, publizistisch Einfluss zu nehmen. Wegen eines Atemwegsleiden muss er sich zahlreichen Operationen unterziehen. Die Schweizer Ärztin Hedwig Müller wird zur wichtigsten Weggefährtin und Briefpartnerin

1932 In Schweden und London entsteht gemeinsam mit Walter Hasenclever das Stück »Christoph Kolumbus oder Die Entdeckung Amerikas«

1933 Nach der Machtergreifung verbieten die Nationalsozialisten die *Weltbühne*, Tucholskys Bücher werden verbrannt, er wird ausgebürgert. Im August lässt er sich von Mary Gerold scheiden, um sie vor politischer Verfolgung zu schützen

1935 Tucholsky unterstützt die Bemühungen um die Verleihung des Friedensnobelpreises an den inhaftierten Ossietzky

21. Dezember 1935 Tucholsky verstirbt an einer Überdosis Barbiturate. Nach gängiger Auffassung handelt es sich um Suizid, neuere Forschungen vertreten die These einer unbeabsichtigten Selbsttötung. Die Asche Tucholskys wird im Sommer 1936 nahe Schloss Gripsholm im schwedischen Mariefred beigesetzt. Bis zu ihrem Tod 1987 pflegt Mary Gerold, die er zur Alleinerbin erklärt hat, den Nachlass und gründet das Tucholsky-Archiv; 1969 entsteht die Kurt-Tucholsky-Stiftung, die nach Gerolds Tod das Erbe verwaltet

PERSONENREGISTER

LITERATURVERZEICHNIS

Klaus Bellin: Es war wie Glas zwischen uns. Die Geschichte von Mary und Kurt Tucholsky. verlag für berlin-brandenburg, Berlin 2010

Helga Bemmann: Kurt Tucholsky. Ein Lebensbild. Ullstein, Frankfurt a.M./Berlin 1994

Rolf Hosfeld: Tucholsky. Ein deutsches Leben. Siedler, München 2012

Lisa Matthias: Ich war Tucholskys Lottchen. Text und Bilder aus dem Kintopp meines Lebens. Marion von Schröder, Hamburg 1962

Sunhild Pflug: Dr. med. Else Weil (1889–1942). Auf den Spuren von Kurt Tucholskys Claire aus »Rheinsberg«. Jüdische Miniaturen, Band 67. Hentrich & Hentrich, Berlin 2008

Fritz J. Raddatz: Tucholsky – ein Pseudonym. Rowohlt, Reinbek bei Hamburg 1978

Miriam Raggam: Walter Hasenclever. Leben und Werk. Gerstenberg, Hildesheim 1973

Regina Scheer: Kurt Tucholsky. Es war ein bisschen laut. Jüdische Miniaturen, Band 64. Hentrich & Hentrich, Berlin 2008

Kurt Tucholsky: Die Q-Tagebücher 1934–1935. Hrsg. von Mary Gerold-Tucholsky und Gustav Huonker. Rowohlt, Reinbek bei Hamburg 1978

Ders.: Gesammelte Werke in 10 Bänden. Hrsg. von Mary Gerold-Tucholsky und Fritz J. Raddatz. Rowohlt, Reinbek bei Hamburg 1975

Ders.: Ausgewählte Briefe 1913–1935. Hrsg. von Mary Gerold-Tucholksy und Fritz J. Raddatz. Rowohlt, Reinbek bei Hamburg 1962

Ders.: Unser ungelebtes Leben. Briefe an Mary. Hrsg. von Fritz J. Raddatz. Rowohlt, Reinbek bei Hamburg 1982

ISBN 978-3-359-02447-7

© 2014 Eulenspiegel Verlag, Berlin
Umschlaggestaltung: Verlag unter Verwendung
eines Fotos/Motivs von bigstock.com
Druck und Bindung: CPI Moravia Books, Tschechien

Eulenspiegel · Das Neue Berlin Verlagsgesellschaft mbH & Co. KG
Neue Grünstraße 18, 10179 Berlin

Die Bücher des Eulenspiegel Verlags erscheinen
in der Eulenspiegel Verlagsgruppe.

www.eulenspiegel-verlagsgruppe.de